U0149343

老兵的故事

曹介甫著

傳記叢刊
文史哲出版社印行

國家圖書館出版品預行編目資料

老兵的故事 / 曹介甫著, -- 初版.--臺北市：
文史哲, 民 108.7
頁; 公分（傳記叢刊；22）
ISBN 978-986-314-481-6（平裝）

1. 曹介甫 2. 台灣傳記

783.3886 108012184

傳記叢刊 22

老兵的故事

著者：曹介甫
出版者：文史哲出版社
http:// www.lapen.com.tw
e-mail：lapen@ms74.hinet.net
登記證字號：行政院新聞局版臺業字五三三七號
發行人：彭正雄
發行所：文史哲出版社
印刷者：文史哲出版社
臺北市羅斯福路一段七十二巷四號
郵政劃撥帳號：一六一八〇一七五
電話886-2-23511028・傳真886-2-23965656
定價新臺幣三〇〇元
2019年（民國一〇八）七月初版

ISBN 978-986-314-481-6 78822

眞眞
給

老兵的故事

目　次

老兵的故事

一九九八年三月初開始起草

一、古城高郵

我的故鄉 — 高郵，在江蘇省的中部，以水鄉聞名，是京杭大運河上一座小小的古城，史稱「江左名區，廣陵首邑」，建城史逾二千年；二〇一六年十一月，經評為「國家歷史文化名城」，自古以來，被讚為「魚稻之國」，是里下河平原上的膏腴之地；位在長江以北，距離江邊大約一百公里。縣城西傍運河，運河西岸，又緊鄰俗稱西湖、珠湖或甓社湖的高郵湖。

西湖的面積，約有六百平方公里，為我國第五大淡水湖，與寶應、邵伯兩湖相連，盛產魚、蟹、菱、藕；湖上烟波浩渺，帆檣、蘆荻，隨處可見；晨光夕照，四時晴雨變幻，景象宜人。

大運河又稱漕河，是古代南北運糧的孔道；流經高郵的一段是懸河，與運河相連的西湖因而成了懸湖；相傳河水與湖水，比縣城城牆上的城垛子還要高。我小時候，站在運河東邊的河埫（音躺，高郵方言，河堤也）上，就可以清楚地看到，城裏城外千家萬户的屋頂和庭院；而高郵人也常說：我們是在水底下過日子、長大的。

高郵，自古原稱高沙，春秋時代，吳王夫差在此挖築邗溝[1]，越併吳以後屬越；到了戰國時代，越被楚併吞，又轉屬於楚。戰國末年，秦滅楚，秦王嬴政，在高郵故地，壘築高臺，設置郵亭（公元前二二三年），始得名高郵；因郵亭創設於秦代，高郵別稱秦郵。又因其地四圍皆低，城基獨高，狀似覆盂，也稱盂城[2]。北宋詞家秦少游（觀），高郵人，自號邗溝居士，學者尊稱淮海先生。

高郵曾是秦王子嬰的封地，縣境北方的界河，二千年來，以子嬰命名，稱為子嬰河；河畔的子嬰廟，則久已湮沒。

高郵城外，東北方有座泰山，山頂有建於北宋太平興國年間（976-983）的軒臺朗閣，名東嶽行宮；因宋儒蘇東坡（軾）道經高郵時，與本地先哲秦少游、孫莘老（覺）、寓賢王清虛（鞏）等，在此煮酒論文，乃有〈文游臺之雅稱。文游臺是我兒時遊踪常到之處。

從我家老宅，出正門右轉向南，走出陳家巷，上新巷口（街名），左轉東行，走過我的母校新巷口小學門前，徒步約二十分鐘，即可抵達泰山山麓。泰山之陽，有泰山廟，供奉東嶽大帝，四季香火不絕。

與東北角的文游臺犄角相對的，城內西南方也有一處古蹟，那是遜清乾、嘉年間，專精聲韵、訓詁之學的兩代經學大師王念孫、王引之父子的故居。

從王氏故居向南，出南門不遠，可見古代驛站 — 盂城驛

---

1 邗溝又名邗江，自揚州西北入淮之運河，中途流經高郵。

2 嘉慶〈揚州府志〉，卷十五，高郵(州)城池：「州地四圍皆下，城基獨高，狀如覆盂，故曰盂城。」

的遺蹟。驛站原稱秦准，初建於元朝至正年間；明代奉洪武帝朱元璋之命，採用秦少游詩句；「吾鄉如覆盂。」[3]）改名盂城驛；是歷代官府傳遞政令、飛報軍情的機構。

在驛站與王氏故居之西，城外偏北，近運河邊，矗立着唐代舉直禪師興建的鎮國寺塔，四面八層，有東方大雁塔之美譽（鄉人通稱西門寶塔），和城郊東南方明代興建的淨土寺塔（俗稱東門寶塔），遙遙相對。這兩座古塔，我於兒時都曾多次攀登，其居高臨下飽吸天風的豪情逸興，闊別六七十年，記憶猶新。

位於淨土寺塔與驛站東西延線之中點，是城內東南隅的魁樓（亦稱奎星閣），明代天啓年間遺物，樓高三層，皆環以圍欄，每層八面，檐角飛展；全樓基座宏寬，葫蘆形樓尖直入青空，莊肅堂皇；樓下尚存宋城半圈，亦是古蹟。

高郵城區以東八公里處，於一九九三至九六年間，曾出土龍虬莊新石器時代遺址，距今約七千年，經中外考古專家確認為江淮流域史前文明的發源地，在學術研究上的價值，可與黃河的半坡文化、長江流域的河姆渡文化相媲美。此外，周邶墩遺址、天山漢墓群等，也都具有文化史與考古學上的特殊意義；而縣境西南方的菱塘為回族鄉，有回民聚居，是江蘇省內，唯一的少數民族鄉，其人文景觀，亦自有引人之處。

歷史上，高郵出過兩個被視為「大」的人物，一個是泰州人張士誠，於元朝至正十三年，率兵攻佔高郵，第二年在承天寺自稱誠王。另一位是祖籍高郵的吳三桂，曾自封帝號；因此有人說，高郵是曾經有過一點「王氣」的。

---

[3] 秦觀著〈送孫誠之尉北海〉起首四句曰：「吾鄉如覆盂，地據揚楚脊。環以萬頃湖，黏天四無壁。」

高郵曹氏，源自山東。一世祖漁濱公首遷江西，二世祖伯莊公再移安徽，復徙江寧（今南京），任府學教習；後因避太平天國之亂，東遷丹徒（今鎮江），再沿大運河北上，定居高郵，堂名〈寶善〉。

伯莊公生二子，皆遜清舉人。長子蔭甫公；次子培之公，我的曾祖父，創設〈寶善醋坊〉，精釀黑醋，質優味醇，暢銷大江南北，納為貢品，家道因而大興，所置田地房產，遍及高郵、寶應兩縣，成一方鉅富。培之公商優而仕，於辛亥首義前，權任浙江省鎮海縣知事四年（1905-1909），不幸逝於任所。

培之公生一子，即我的祖父衛泉公。衛泉公生二子，長子晉齋公；次子是我父鴻璟公。曹家在高郵，從始祖起，到我是第六代，歷時已近兩個世紀。

我是一九三三年十月八日（農曆癸酉年八月十九日）在高郵誕生的，生肖屬雞；依照西方的星相學，屬天秤座，是父母的第一個孩子，是祖父這一系的長孫。我出生時，富厚的大家，一分再分，已經不見前幾代的盛況。

我曾聽父親說，他年幼時，因為手大，帶他的奶媽，常抱著他，跟街邊攤販玩擲骰子的遊戲，每次都要我父親幫她代擲，幾乎次次都贏。有一次，奶媽贏了幾個染紅了的生雞蛋，拿回來時，經過製醋的作坊，見到一大令子鍋[4]的醋正在沸騰，因為相信醋煮蛋可以滋補身體，就要師傅把雞蛋丟下鍋煮一煮；豈知蛋一下鍋就炸開了。師傅眼看全鍋的醋將要不保，情急之下，不顧一切地爬上竈臺，踮起腳來，冒著酸濛濛的騰騰蒸氣，挨

[4] 在傳統的大鐵鍋上，加一個無底的與鍋口大小相同高約三、四尺的木桶，以增加鍋的容量，鍋蓋蓋在桶上，在高郵叫做令子鍋。

著有半人高的令子鍋，撈取散亂的蛋花；也許是用力過猛，不小心一個倒栽蔥，人就頭下腳上地跌進了鍋裡，等大家把他拉上來時，全身已被燙得不成人形；頃刻之間，用各房匆匆搜集來的鴉片煙膏，為他全身塗抹，終因燙傷過重而不治。第二天，全城沸沸揚揚地鬨傳，〈曹寶善〉的醋鍋裏燙死人了，醋不能吃了。曹家不得已，把店裏醋坊裏所有的醋，以及庫存的陳年老醋，都搬了出來，火速分送全城大街小巷，倒在街邊的陰溝（高郵方言，水溝）裏，表示醋已出清，一滴不剩，重新釀造；但是，已經太晚了，醋坊的營業，已無法恢復出事前的興旺，加上祖孫幾代，各房都有幾管槍（鴉片煙槍）；收入劇減，而排場依舊，家境就漸漸中落了。

我的父親鴻璟公，上海大夏大學畢業，攻教育。我的母親吳氏梅林，本縣樊川富紳吳大勳（字項齋）先生的長女，揚州中學畢業，與我父原是姨表兄妹。我的祖母，亦來自吳家，是我外祖父的二姐；因我祖父去世時，我的父親才兩歲多，祖母在傳統的大家庭中，一個年未三十的孀婦，不但沒有發言權，也很難不受欺凌，就安排了我父與我母，這一歷來引人稱羨的表兄妹聯姻 — 親上加親，冀望得到娘家的聲援。

祖母含辛茹苦，守節扶孤。大家庭分家時，無人仗義執言，分不到較大的房子，田產也不是最好的。為了祖父這一脈能揚眉吐氣，接納了外公等人的建議，送我伯父與我父親到上海求學；在當年的高郵以及曹氏各房中，都是令人耳目一新的大手筆。當年的舊家庭中，特別是寡居的婦道人家，全部的指望，都寄託在兒子身上，殷切地期盼他們早日成人，學有專長，好重振家聲。

大約是八年抗日戰爭勝利的一年前或二年前，我的堂伯父曹鴻基的母親過世，他想賣田葬母，一天來看我父親，說買方看中他想賣的一大片田附近，我們家的一大片田，因此問我父親，可不可以與他交換，我父親立刻滿口答應，拿出田契，把田換給他，這是我親眼目睹的。原來，他家的一片田，是被稱為「草田」的荒田，而從我家換去的一片田，則是一年可有兩季（稻、麥）收成的「高田」，經濟效益相差懸殊，父親當然知道損失不小；而當時已是抗日戰爭的後期，我們田產所在的僻遠鄉區，因土匪盤據，若干田產已無法收租；或是因為負責收租的人不敢下鄉，而收不到租，結果是年年靠賣田過日子；可是遇到有人向父親提出要求，只要能做得到，他總是盡量滿來人的願。父親一生，常做這樣見義忘利的事。

父親還有一個與眾不同的特點，他從不懷疑別人，不會想從別人得到任何益處，更不會算計或陷害別人了。他以為別人都跟他一樣，因此吃過許多明明暗暗的虧；虧吃過了，他就忘了，從不放在心上。

我的父親，生長在亦宦亦商的富家，從小豐衣足食，養尊處優，自然不知生計的艱難，也無從了解世道崎嶇；求學期間，又曾在十里洋場的上海，住過幾年，祖母的供應，不是絕無匱乏，而是可以任意揮霍，也因此養成了用錢如水的習慣，一年花掉幾十擔稻子是常有的事（當年有田產的人家，是以整擔稻子作概算單位的）。記得兒時曾見父親，攤開他那雙豐潤的珠砂掌，略帶自豪地說，我這雙手花掉的錢「惡來」（高郵方言，很多很大很厲害的意思）。

我父與伯父在上海讀書期間，祖母在家，雖然仍有女僕，平時生活則極端儉省，經常是粗菜小魚，連米都吃最便宜的紅糙米。但是每逢寒暑假期，兩兄弟從上海回鄉，家裏就像發了大財，每天高尖白米、時鮮果蔬、山珍海味不斷，唯恐虧待了兩個愛子。

我稍稍長大以後，才慢慢知道，我初出生時，每天總得由祖母親自洗滌，才不會洗得我哇哇大哭。我母親是富家的大小姐，又去揚州讀書幾年，從來不碰家務；結婚以後，家裡經常有幾個傭人，也不需她做家事，初為人母，當然更不會帶孩子。母親的乳水不足，吃了許多種補品，服用了許多偏方，乳水仍然不足，我是吃奶媽的奶長大的。奶媽是來自農村的婦女，我從小吃她的奶，與後來我幾次在鄉村居住時，對手胼足胝的農夫，似乎頗有親切之感，不知有沒有關係。

祖母臨終時，我還不滿一歲，她老人家不勝擔心地說，曹樹（我的第一個名字）還這麼小，你們就帶著玩玩吧。她不相信兒子跟媳婦，能把孫子帶大。我不記得祖母是什麼樣子，只有從高懸在堂屋（正廳）裏的畫像上，仰望她老人家的慈顏，心裏總是隱隱地，有說不出的孺慕與依戀。

我記憶中最早的童年往事，是三歲那年的夏天，我一個人，穿著肚兜，在鋪設籮底方磚的堂屋內，轉來轉去地騎三輪腳踏車；忽然，人影一閃，好像有人竄進了旁邊的房門，我就停了下來，怔怔地對著門看，不久，果然有人探出頭來張望，而且是兩個人，定神一瞧，原來是爸爸媽媽。這大約是父親與伯父分家後，我們剛搬到北門外新巷口陳家巷老宅的情景。媽媽還曾告訴我，就在我們遷入陳家巷第二年的兒童節，我參加了全縣兒童健康比賽（大概只有城裏人家的孩子參加吧！），還得了個第一名。

另外一個比較早的印象，是每天早晨，由一個女傭人牽著我的手，送我到承天寺旁，縣立第五小學附設的幼稚園去上學。課是怎麼上的，已完全沒有概念，記得較清晰的是，女傭人用搪瓷提盒為我送午飯，有飯有菜有湯，好像還有洗臉的熱水和毛巾；其他的事，都記不起來了，這應該是一九三七年初秋開學以後的事。

大約是一九三七年的春天，父親在湖西送駕橋（今送橋鎮），擔任中心民校的校長，穿軍服，戴軍帽，背武裝帶，配軍人魂（短刀）；任務是組訓民眾，準備抗日。母親帶我乘大帆船，過西湖到湖西去探望父親。我是被船上的人抱上船的，下到船艙以後，媽媽把帶去的褥子，鋪在艙底，又放好枕頭和棉被；我躺了下去，好像睡在一張特大的搖床裡，有微微晃動的感覺，還可以聽到只隔一層木板的船外，波浪拍打帆船的水聲，有點好奇，也有點害怕，但不敢說出來，不知不覺地就慢慢入睡了。回程的情形，已很模糊；這大概是初次坐船過西湖，印象因而異常深刻吧。

這一年的七月七日，蘆溝橋事變爆發，我國為反抗日本的侵略，展開了全面抗戰，但是戰場遠在北方，高郵還感受不到戰爭的硝煙。暑假一過，父母就送我進幼稚園上學，由幼稚園而初小，直到日軍侵佔高郵的前夕，我們才乘船下鄉，到外公的莊園去避難，從此踏上了背井離鄉的征途。

高郵是我生長的地方，有我祖先的盧墓，但不幸在戰亂中辭別，多少多少年來，每當午夜思維，故鄉的點點滴滴，常不禁在腦海中浮泛、迴漩，而不能自己。歷經了無數的驚濤駭浪，我曾在一夜思鄉之後的一九五二年十一月十八日早晨，匆匆寫下一首題名〈童年〉的小詩，緬懷我魂牽夢縈的故鄉：

恬靜、安祥、古樸的小城
大河東邊
一望無際的原野
在那幸福的小天地裏
度過了我
綺麗、活潑的童年[5]

---

5 見作者《夜之歌》頁 二〇。

二、避難外婆橋

侵華的日軍，於一九三九年十月二日佔領高郵，我們一家，在日軍進城前不久，才匆匆乘船下鄉，到東匯附近外公的莊園吳家牌坊去避難，我開始接觸到了鄉村生活。吳家牌坊通稱吳家墩子或墩子，裡面住的是吳家各房幾代的伯叔兄弟。我們去時，外公外婆早已仙逝。

墩子是一片連成四方形坐北朝南的大宅院，每邊長約六、七十尺，內分東、西兩邊，各有幾進房子，是比附近幾里之內一般農村茅舍高大的磚牆瓦屋。東、西兩邊，內部好像是隔開的；朝南的一方，都有石庫正門，門口兩旁，各立一個大石鼓，我們常搶來當馬騎；另有幾個邊門，方便出入。墩子內外，大樹參天，遠遠望去，墩子上的房舍，像是建在一座削平的大土丘上，比四週的田野高得多，進出都要走一小段斜坡，是一個很特出而又明顯的地標。

墩子的後方，有一條寬闊的鄉村大路，向西可通高郵，向東可達東滙、樊川；大路北邊的坡下，是一條可以行船的小河，我曾見表舅東埜先生在這河裡泅水。墩子的前後左右，都是一望無際的田野，零星地散佈著一些大大小小的農家。向南的一面，遠遠地可以看見南大河，在前方橫流而過。

我們到墩子上時，夏亮表哥一家，從上海逃難下鄉，已比我們先到，住在西邊最前面的兩進房子裡，我和他們是初次見面。這時，西邊最後的兩進房子還空著，但大門上鎖，無法進入。我看見三公公吳作之（鴻勳）先生，拿著一把大斧頭，怒氣沖沖地走來，一斧劈開了橫長形的舊式大銅鎖，解決了我們住的問題。

三公公是我外公的兄弟，行三，是夏亮大哥的親外公，做過承審（縣裡審案的司法官），神態嚴肅，大家稱他三太爺，我們小孩子都有點怕他。

住進墩子不久，一天黃昏，夏大哥走到後面來，與我父親說了一些話之後，掏出手帕，掩面飲泣；後來我才知道，夏大哥的父親，我應當稱他大姨父的蔚卿先生，在隨軍西撤時，志願為大軍殿後，不幸失蹤，通知剛才轉到；那以後，幾十年來，再也沒有夏大姨父的訊息。在我們的親友中，是為抗日而犧牲的第一人。

夏大姨父的母親，是曹家的姑奶奶（嫁到夏家），據長輩們傳說，夏家數代單傳，為善保香火傳人，他本人兒時，有相當長的時間住在外婆家，與我父親是表兄弟，從小朝夕相處多年，最為投契；夏亮大哥因這一層的親戚關係，稱我父親二舅舅，因我父親行二；稱我母親大姨娘，則是因為我母親與他母親是堂姊妹，在家裡的三姊弟中排行最大。因此，夏家與曹家，是雙重親戚，往還也較多。我父在上海讀書時，蔚卿先生已進入社會服務，全家住在上海，我父自然成為他家的常客。記得父親曾經告訴我們，那時上海流行回力球（一種遊戲），可以下注，也有輸贏；表兄弟二人，把錢輸光了，豪性不減，就瞞著大姨娘，把家裡的皮袍子、冬大衣等物送進當鋪，換取賭本；不知怎的，被大姨娘發現了，就與兩兄弟約法三章，以後一個月只可以賭（輸）多少，加以節制。

夏家在高郵，也是一個頗受人們景仰的大族，先祖曾出過兩位天官，望重鄉里。還有一個為人樂道的故實：夏家興建祠堂，上樑時，天外忽然飛來十八隻白鶴，因此堂名是〈十八鶴來堂〉，簡稱〈鶴來堂〉。夏家祖居所在的一帶地方，被稱為夏府。

在墩子上，夏家與我家之間的兩進房子，住著大公公吳輔勳先生一家人。大公公是一方碩望，少年時，在江陰南菁書院，與吳稚暉、紐永建、葉貽穀等時賢同窗，後來又與貽穀先生同事；因見葉氏長子秀峰，品學俱優，就為其次女晴湘約定婚姻。我稱秀峰先生伉儷二姨父二姨媽，是因姨媽在娘家行二。抗戰開始後，二姨父一家，已隨政府西遷重慶，我直到一九五〇年代，才在臺北與他們相識。

大公公這時已退隱家園，他的兩個兒子，旦平與亙園，也隨政府入川抗日，二人的家眷，則留在家鄉陪伴老父。平日，常見一身材魁梧的長衫老人，雙手背在身後，在墩子附近的田野間漫步，不時向路人搖手點頭招呼。我第一次遇見他時，他親切地問我，叫什麼名字，父親是誰？還摸摸我的頭，連聲說好。

大公公的書法，造詣極高，我家高郵堂屋內掛的一幅中堂，就是他老人家恭楷寫的〈朱柏廬先生治家格言〉，我每天見到就唸上一遍，小學時代，就已將朱子家訓記得爛熟。大公公又曾以鶴頂格，撰書一副對聯給我父親，聯曰：「芝草無根須自植，石山有路徑先登。」我父字芝石，三歲未滿喪父，此聯頗有殷殷勗勉的涵義。這些墨寶，在我們於一九四五年深秋，倉皇逃出家門後，都已不知去向。

墩子西邊的最前面，有個大花廳，廳前庭院中，沿着南邊的圍牆，有一長片高出地面兩尺左右的花壇，種了許多牡丹花，過年前在院子裡殺豬，我曾見工人們，就近用血水灌溉牡丹。

墩子上東邊一半的幾進房屋，住著吳家另外一支幾代的許多人；當年我年紀太小，不常到東邊去，只有一位比夏大哥稍大一點的舅舅吳堯，我們稱他堯舅舅的，倒常有機會見面；他的新娘子喜歡養金鈴子，我曾在她家飯桌上，見她揭開牛角製鑲玻璃的小圓盒子，用飯粒餵食會鈴鈴叫的小金鈴子。

吳家牌坊不但地高屋大，前有大河，後有大路，也是城鄉間交通的衝要之地。一天下午，大人們驚傳說，看見大刀隊，從墩子的左前方，遠遠地走過來了，許多人都湧到前面去看熱鬧，果然看見一長隊的人，大約有好幾十個，一個接一個，身上穿著普通的長短褲褂，有些人頭上還纏著布；最引人注目的，是人人都背著一把大刀，刀的把手高過人頭，上面飄著紅布條。看着他們在墩子前面的斜路上，遠遠地從東南向西北走，不知走到哪裡去，並未騷擾我們。只這一次，以後再也沒有見過。

中央政府撤退到四川，從事長期抗日，淪陷區內，省及以下各級政府無形消失，成了無政府狀態，各地治安，無人負責，甚不安寧，常有小股的盜賊出沒，也常常聽到有財主被搶劫的駭人傳聞：土匪入屋以後，將主人五花大綁，用灌水、灌洋油（煤油）、鞭打、上老虎凳或吊飛機等私刑，逼迫被搶的人家，交出金銀手飾珠寶等貴重物品。

墩子是左近聞名的富戶，自然容易成為土匪覬覦的目標。為了自保，就買了幾枝步槍，天黑以後，由青壯年人輪流在墩子的四周，帶槍巡邏；特別是無星無月的夜晚，如發現有形跡可疑的人向墩子走來，就對天鳴槍示警，先發制人；歹徒知道墩子上已有戒備，也就不來自找麻煩了。夏大哥那時才十七、八歲，膽子特大，與比他大幾歲的堯舅舅，都參加了夜間巡邏，成了我們一群小蘿蔔頭心目中的英雄人物。我亦曾見過大人們，在墩子前面的大門外，朝南大河的方向試槍。

許多年後，當我由高郵，而揚州，而鎮江，而上海，而小洋山，而定海，而臺灣，而紐約讀書、就業、定居；父親有一次來美探親，閒話家常時談起陳年往事，提到當年在墩子上時，曾有人聽到外間傳言：土匪意圖綁我的架。我問父親他們為什麼要綁架我？父親說，鄉下的壞人，認為曹吳兩家都有錢（田多），可以榨得出油水。因為這事已過了幾十年，我聽了倒也覺得好笑。父親說，這件事也是傳言過了很久很久以後，我們熟識的一位張中醫告訴他的，因為怕他受驚，我們住在墩子上時，不敢對他說。父親知道這件未發生的綁架案時，已過了許多年，也許，人都已經到了臺灣了。

墩子上吳家的少年子弟，加上城裡來的孩子，人數相當多，就在西邊最前面的大花廳中，辦了一所綜合性的小學，由東埜大舅的夫人張蘭英女士任校長，並兼責授課。記得有一次，東匯鎮舉辦小學生歌唱比賽，我校學生都參加預賽，選唱得最好的前三名代表參加。我以為參加預賽以後，就可以代表本校出賽；預賽結果我沒選上，但我說我要去參加，大人們說，你沒有選上不能去。帶隊的老師和參賽的三位同學準備出發時，我知道他們要經過我家後面的大路到東匯去，我一面說要去參加比賽，一面哭哭啼啼地跑在他們的前頭，趕到半路上去等他們，當路攔截，非帶我去不可。後來，大人們拗不過，只好帶我去鎮上參加比賽。由於主辦人與附近鄉鎮的各校老師，不是同宗，就是鄉親，大家都是熟人；想像得到的是，臨時補上我這個額外的代表，讓我也上臺去高歌一曲。只要能參加比賽，能不能得獎，我就不再計較了。這是我住在墩子上印象最深的事件之一。

另一件我記憶猶新的事，是大公公的逝世與喪禮。

大公公病重時，我擠在人群中，遠遠地看到長年侍候他的女僕，用竹筷裹了布條成拇指粗的棒子，伸進他的喉嚨去捲痰。他去世後大殮前，曾停靈了幾天。我隨大人走進堂屋，向他下跪，叩頭行禮；看見他穿着色澤鮮亮的長袍馬褂，臉上蓋著一張白紙；只敢遠遠地看，卻不敢走近他。

喪禮是傳統的，我是外姓，輩份又低，好像沒有穿孝服。治喪期間，請法師按七誦經超渡、放焰口；滿七時，在墩子前方低地的曬穀場上，豎起一大片綵紙糊紮的房屋和庭院，幾乎與真屋一般大小。我們還可以走進去，穿堂入室地參觀。整座房子，客廳、臥室、書房、廂房、廚房、天井、花園、工人房等，樣樣齊全，男僕女僕，散立各處，屋前還有一輛汽車；下午，法師們在房子內外巡行誦經後，由幾位孫輩共同點火焚化。到了晚上，在墩子前面的南大河邊上，又燒了一艘跟真船一般大小的船，也是用綵紙糊紮得七色輝煌的。火點著以後，我們的臉上，會感受到一陣陣的熱風，呼呼地颳過。

從遠地趕來，為大公公送終的親友，都一律招待食宿，有癮的，還得準備大煙（鴉片）侍候，不少人住到滿七才走。我總算見過富有的大戶，為先人送終的傳統隆重禮儀。可以想見，花費是不貲的。以後再也沒有見過，這樣大排場的喪禮了。

墩子上的可記之事還有不少。一天中午左右，天空中出現了二三十架 P51 野馬式戰鬥機，從東向西，分為幾個梯次，三架一組，編隊飛行，隊形嚴整，機聲隆隆，從我們頭頂上空飛過。壓姐姐（壓子表姐吳鍾琪）說，飛機來了好危險，趕快躲起來，我就地往露天放著的一堆乾稻草裡鑽，她又抱起稻草，往我身上撒；有一次，跟轉姐姐（轉子表姐吳鍾祉）玩捉迷藏的遊戲，她躲在床上，蒙在棉被裡，被我發現了，我猛然掀開被子，大聲嚷叫：「抓腳丫子！抓腳丫子！」一邊叫一邊伸手去抓，嚇得她直往大床的角落裡躲。她們二位，是旦平大舅的姣姣女。亙園二舅的次子吳瑜，因為好玩，用擦臉的雪花膏當牙膏刷牙，被二舅母數落過一陣，在我們眾表親之間，常被拿來取笑。他們兩家，也是從高郵下鄉避難來的。

有一天的下午，我帶弟弟到墩子附近一條小河邊去玩，河水很淺，兩岸斜坡上都是乾土，我們沿著水邊向前走，我走在前面，叫他快一點跟上來，他腳下一滑，整個人跌倒在地，順著河岸的斜坡，滾進河水裡去了，轉眼已不見人影。我正着急不知怎麼辦才好，卻見他慢悠悠地從水裡爬了上來，好像什麼事也沒有發生過。現在已想不起來，回家以後，是如何向媽媽報告的。

蘆溝橋邊的槍砲聲，逐漸南移；上海爆發了八一三事變以後，高郵南方，也在運河線上的揚州，受到戰火的威脅，機關學校，紛紛疏散下鄉。其中，戴天球先生主持的私立揚州中學，從揚州疏散到東匯附近的東里莊；父親應聘在私揚中教書，我隨父親在學校附近租屋寄住；父親嫌我的枕頭不夠高，常拿幾本書，墊在我的枕頭下面。

老師們的孩子成群，住得都很近。那時我才六歲多。一天，幾個小男孩在一起玩耍，正好不久前我隨父親去看戲，有一齣叫「周瑜歸天」，演到最後，周瑜站在兩張方桌加一張椅子疊起來的「高臺」上，在鑼鼓聲中，向上一躍，一個鷂子翻身，沈穩地落在臺上，倒地而亡。想到這齣戲，我就提議玩「周瑜歸天」；大家把一張高凳子搬到桌子上，代表高臺；我又想到，周瑜跳下來就歸天了，沒有一把刀不像真的，隨即在家裡找出一把修腳刀，刀有五、六寸長，中段較粗是把手，兩端都有刀口，一頭是平口，一頭是斜出的尖口，相當鋒利，人們專用它來修腳趾甲，或剷腳底的老繭，俗稱修腳刀。我把刀子尖口朝天插在地面；然後討論誰第一個上去跳，才開始討論，我就說我先上去。我帶著點興奮、緊張與好勝，爬上桌子，再站到高凳子上去，看清楚了插刀的位置，對準刀尖，一個筋斗翻撲了下來，再巧不過，朝天的尖刀，正好刺入我左乳內側一指寬的地方。我是又痛又怕，大家這才知道闖了大禍。當晚，我躺在床上發高燒，醒醒睡睡，不斷呼叫媽媽；爸爸趕緊連夜派人，到墩子上把媽媽接來，我才比較安靜。好在刀尖插入不深，我也僥倖保住一條小命。現在，我的左胸上，還有一條幾十年來隨我一同長大的，微微凸起的疤痕，長長了，顏色比附近的皮膚淺一點，看上去還相當明顯。

戰火越來越近，幾百名男女學生，遠離家長，接濟不容易，安全上，學校也擔不起責任，疏散下鄉的私揚中，沒有維持多久，也就解散了。

私揚中解散後，我們全家遷居到樊川鎮，租住沈沅三舅家相當別緻的土牆草頂的房子，我被送到一個私塾式的學校去讀書。校舍是一所住宅，屋裡擺了幾排桌椅，算是教室，廁所在旁邊的臥房內，男女生共用床頭的一個馬桶；到我想上廁所時，看到男男女女的在排隊，根本就不好意思去了，坐在位子上忍，忍……，不知忍了多久，椅子上有微微的溫熱的感覺；慢慢地，大家嗅到了難聞的異味；終於……，把我送回家去，內外洗滌一番。

日軍佔領高郵城，經過了一段時間，似無屠殺的跡象；父親一個人先回城一趟，探探情況。大約是一九四〇年的春夏之交，我們終於要回高郵了。回城時，我與二弟暉（後來改名凌俊），分坐在兩個挑稻穀的大籮筐內，由一名挑夫挑著，一路挑回高郵，再做城裡人，開始了兒時另一個階段的生活。

三、兒時往事

一九四○年初夏回到高郵，就聽說城門口有日本兵站崗，進城出城的人，都必須脫帽向站崗的日本兵，行鞠躬禮；乘車的人，則先下車，再脫帽行禮。日本兵的旁邊，通常有一兩個會說日本話的中國人，必要時作翻譯。

高郵城的城腳外沿，環繞著一條護城河，四方的城門口各有一座橋，與城外連接，人們出城進城，必須從橋上經過，都不得不向日本兵行禮。又聽說，有人不會行禮，在橋上被日本兵用槍托捶擊，打得頭破血流，被打的人，男女都有，有冤也無處申，只有自認倒楣。

後來，這一項暴行，不知在什麼時候，終於悄悄廢止了。

暑假過後，父母送我到附近的新巷口小學，插班二年級就讀。

開學不久，縣裡辦遊藝大會，一年級級任兼二年級唱遊的高雪先生（當年女老師也稱先生），挑選我和一年級的兩位女同學戴可春、郝家英，利用課餘時間，練習歌舞，代表學校參加。唱的是有三段歌詞的「吹泡泡」。

表演時，三人在臺上站成一排，她們站兩旁，我站當中，首先表演，配合前奏，雙手叉腰，用單腳「格」（高郵方言，左右腳輪流獨跳的意思）到臺前，邊唱邊表演。這樣一個接一個，輪流格到臺前，歌舞一番，再格回來；在原位等候表演的人，就做和音天使，同時助唱，高先生則在臺側彈風琴伴奏。

遊藝會過後，我對戴可春更加好奇；剛好有些表演的用具，要送還高先生，我故意只找可春一個人作伴。回家時，我們繞一點路，走到煉陽樓的後面，躺在廟後斜坡的草地上談天。上課的日子，因為心裡老是想她，常常利用課間休息的幾分鐘，到隔壁一年級的教室，找個理由和她說幾句話。

夏去秋來，農忙已過，迎神賽會漸漸多了，我們就常常一同看會，亦稱看迎會。迎會的大隊人馬，以掌理全城的城隍爺乘坐八人抬的大花轎為主，走在最後，前前後後，有成百上千人參加遊行，有人穿着舞臺上穿的彩衣，臉上塗着濃妝，有酬神的，有還願的，有人光着上身，兩隻手腕筋脉的地方，各用小鐵釣吊着一隻香爐，有人在脖子的前面，用鈎子吊一個香爐，爐裡都點着大把的香；遊行的隊伍中，有男女二人表演划旱船唱情歌的，有演唱小放牛的，有表演活捉張三郎的，有唱地方小調的，還有踩高蹺的，扮成男男女女，表演神仙故事和地方戲曲，可說應有盡有，大人小孩，都可看到他們喜歡的表演，而長得不見頭尾的隊伍中，幾乎人人手中都拿着彩燈或香火，街上潮水般的人群，一個個歡天喜地，笑逐顏開；入夜以後，泰山廟前的廣場上，一根冲天而立的旗桿，由上而下，一圈比一圈大，掛滿了一圈圈的彩色燈籠，遠遠望去，像一座排滿彩燈的寶塔，亮麗奪目。

遊行的隊伍，通常是從城內靠近東門的城隍廟出發西行，到市中心的中市口，右轉上北門大街，向北出北門，到新巷口右轉向東，直到泰山廟，停留一夜，第二天再由原路進城，回城隍廟，一年大約迎會兩三次。在當年的農業社會裡，看會是人們休閒消遣的集體活動，大人與小孩都很喜歡。

迎會是白天晚上都有的，晚上有花燈、燭火照耀，煙氳繚繞，加上有空出門看會的人比較多，街上就分外熱鬧。迎神的隊伍很長，移動得又慢，看一次會，總得個把鐘頭。為了看得清楚些，她曾領我到她家臨街的店裡，爬上閣樓，從屋頂突出來的老虎窗向下看。

她家離我家不遠，從我家出大門右轉向南，走出陳家巷，上新巷口，向西走過幾個店面，就是她家；前面開三益五洋店，後面住家。臨街的閣樓上，沒有燈，暗暗的，我們兩個人，一前一後，慢慢地摸黑上去，有幽幽的神秘之感，但不覺害怕；看到街上踩高蹺的，走累了，一轉身坐在屋簷邊休息，和我們只有幾尺的距離，好近好近，是很奇妙的經驗。又有一次，我們相約，在吳家碗店門前看會，印象最深。

高郵城出北門，一直向北伸展的北門大街，是一條貫通南北的主街。北門大街在吳家碗店門前，向東延伸出去形成「Ｔ」字的一條街，就是新巷口（現在叫人民路），吳家碗店的位置，正面對新巷口，在Ｔ字形兩條路連接的地方；從新巷口向東，可直達泰山廟和廟後泰山頂上的文游臺。文游臺屬高臺建築，為紀念高郵宋代詞家秦少游，與大文豪眉山蘇東坡以及鄉賢孫莘老、寓賢王鞏等「四賢」，載酒論文的雅集之所，歷代以來，被譽為「楊楚傑閣，江淮文樞」。

迎會的隊伍，出北門向北而來，在碗店門前右轉向東，上新巷口，東行到泰山廟；或是從泰山廟出發，右轉向西，上新巷口，在碗店門前左轉，上北門大街，向南進城到城隍廟，來回都要在碗店門前，慢慢地轉個九十度的大彎子。在碗店門前，可以看到較為壯闊的迎會的隊伍，因此，站在碗店附近看會的人也最多，擠得一層又一層。

碗店的店東，是我家親戚，陪我上街看會的傭人，怕我們看不到，特地向碗店借了一條長板凳，放在靠門的地方，讓我們站在凳子上看。這時，碗店已打烊，一排鋪闥子門都已裝上關好；雖然我們的位置，在一排排人潮的後面，因為站在凳子上，比人們都高，看得反而更清楚。我們兩個人，在凳子上，一會蹲下來，一會站起來；一邊談話，一邊看會；你捏捏我，我摸摸你，玩得十分高興。

不久，她家搬到我住的陳家巷口對面，左邊街角的房子裡，真想到她家去看看，就是沒有機會，又不好意思開口要求；後來，知道她和一家蛋廠的小開（老闆的兒子）訂婚了（應當是她告訴我的）。有好多次，一早我出門上學，在陳家巷口，看到一輛擦得黑亮的三輪車來接她，車上已坐著個小男生，我心裡既不服氣又無可奈何，好像一件心愛的玩具，就要被人搶走似的。妙的是，常常早晨她乘三輪車去上學，放學則由我陪她一路走回來。

在這一段不算太長的交往期間中，她曾到過我家一次，我母親微笑着撫摸她紮了兩條辮子的頭和臉，眼神中似乎頗有深意，我在一旁看着，心裡有說不出的感動。

不知從什麼時候開始，我們就慢慢地少來往了，也許是漸漸懂得男生女生的分別了，也許是怕同學說閒話。同在一校之內，偶而照面時，我竟不好意思招呼；可是，這初戀似的情誼，卻一直未能忘記，心中則時時隱隱約約地有她的影子。「分手」十年後，我已漂泊在遙遠的異鄉，一天早晨，忽然興起，曾寫過一首小詩《稚戀》，追懷這位兒時的遊伴；第一節的幾行是這樣的：

可記得在那新綠如茵的原野
並肩小臥在古廟後身的斜坡
廟簷陰影輕撫妳無邪的笑
春風拂亂了草上的青絲[1]

記得也是小學二年級發生的事，那時父親經常抽的是相當好的「大前門」牌子的香煙，一包二十枝，一條十包，都是一條兩條地買回來；家裡只有父親一個人抽煙，他也不去管一條煙拆開以後，可以抽幾天，或是一條打開了的盒子裡還剩幾包。我有時心血來潮，就順手拿上一包，放在書包裡，等放學以後，約幾個要好的同學，走到後街的陰城（亂葬坑），找一個比較隱閉的地方，團團坐在地上，一人一枝煙，吸一口吐一口，大人模樣地抽了起來。

不知過了多久，終於被父親發現了，就警告我說，未滿二十一歲，人還沒有長大，抽一口煙，腦子裡就有一個小洞，將來書也不能念了；這一嚇，我就不敢抽煙了。

小學畢業前一二年，偶而還抽着玩，沒有上癮，但是學會了吐煙圈，先吸滿一口煙，吐一大圈，再吐一個濃濃的小一點的圈圈，從大圓圈中穿過去；也可以吸足一口煙，嘴啜成小口，用一根手指頭，在腮邊輕輕地敲，小煙圈也就一個又一個不停地彈了出來。這樣的抽法，只是好玩，煙進嘴就吐出來，怕被煙嗆到，從不敢嘗試吸進肚子（肺）裡去，最高的境界是從鼻孔呼出煙來。

後來，一九四六年在揚州，偶然抽到美軍乾糧裡的駱駝牌

---

[1] 見作者《夜之歌》頁十八。

香煙，奇香無比，似乎從來沒有抽過那麼好味道的香煙，但也只試抽幾枝，就沒有再抽了。大學畢業以後，買到兩支英國造的三B煙斗，和整套清煙斗的用具，抽掉幾盒煙絲；清煙斗太費事，不多久也就不抽了。雪茄也抽過一段極短的時間，煙齡短得不夠資格談經驗。

我小的時候，雖然政府已經通令改用陽曆，而一般人的日子，還是按陰（農）曆過的；因此，每年的農曆新年（春節）、端午與中秋三大節日，仍然是家家戶戶的大事。過年的準備工作，在過年前很久就開始忙了；大人愈忙，小孩子們就愈起勁，過年的氣氛，也就一天濃似一天。

首先是早個把月，就約成衣匠（我的家鄉叫裁縫或裁縫師傅）來，搭起工作枱，為全家做過年穿的新衣服；有時是把裁縫師傅找來，為全家大小量好尺寸，把事先買好的衣料交給他，由他帶回去做，到過年前些日子，再把做好的新衣服送來。

秋風起，天轉涼，風雞、鹹魚、鹹肉、鹹鴨、火腿、香腸等，準備過年用的各種年貨，在二道門過道比較通風的牆上，從上到下，一排一排，掛得滿滿的。我們還常把買回來的上好火腿，放進隔壁華家醬園的露天大醬缸裡，浸上一陣子，據說浸過醬的火腿，吃起來更酥更有風味。我最喜歡媽媽親手做的醉蟹；用高郵特產的紫蟹，和香料一起浸在原漿酒（糯米酒）裡，過上十天半月的就醉成了。醉好的蟹，看上去色澤和活蟹相似，揭開蟹蓋，除去胰子（蟹肺），當中一刀，切成兩半，再按每隻蟹腳帶一部分蟹身，切成一條一條，連同兩個大螯，在大平盤內，照全蟹原樣排好，覆上蟹蓋，遠看真像靜止的活蟹；蟹黃最醇美馥腴，稱得上天下第一美味。另一種也是用甜酒醉的（黃）泥螺，口感絕佳，則是街上買來的，也是我兒時百吃不厭的好「菜」。

媽媽的廚藝還有一絕，那就是「緗蹄」，許多嚐過的親友，無不讚不絕口，向她討教醃製的方法，她總是不厭其詳地，把每一個細節，反復說明；但是他們回家後一試再試，總是做不出相同的口味，其實一點秘訣也沒有。兒時在高郵，見她許多事都交代女傭去做，只有醉螃蟹和醃緗蹄等極少的幾件事，得由她親自動手；也許，這就是所謂廚藝之妙存乎一心吧！

過年前，除了裡裡外外要大掃除，蒸紅糖年糕、暈、素包子、花捲等，也是一件必須慎重處理的大事；據說，包子或糖糕蒸好出籠前，不可以問蒸得好不好或蒸熟了沒有？只要有人這麼一說，包子或糖糕就會夾生（半生不熟）；因此，蒸包子、糖糕這一天，孩子們都被趕到外面去玩，以免童言誤事。

醃蘿蔔乾和鹹菜，則又是一景。醃蘿蔔乾是先買回幾擔精挑細選的紅蘿蔔，洗淨晾乾，再切成長條，用鹽拌透，裝進小口的罈子，封上口就行了。

醃鹹菜，得花上一年的工夫。通常，一家都有幾個馬桶，每天清晨，城廂附近種菜的農夫，推著裝水肥的車子到住宅區來；一家家就搬出馬桶，把前一天的存貨，倒進車子，洗刷乾淨後，等曬乾或晾乾了，再搬回屋裡去。每一個馬桶這樣倒一年，近年底時，收水肥的菜農，就送來一擔大白菜，因為不夠用，都會另外買幾擔；所以說醃大白菜要花上一年的工夫。

大白菜醃好，已近年下，寒天的早晨，吃稀飯，切上一盤乳青色的鹹菜梗子，上面覆一張鹹菜葉子，既好看，吃起來又清脆爽口，風味絕佳，離鄉背井幾十年來，再也沒有享過這個口福。家裡醃的鹹菜，夠一年用的，平常煮鮮魚時，魚肚子裡塞滿拌了佐料的碎肉，把鹹菜連葉子切碎，放進鍋裡一起煮，吃起來既清淡又鮮美。

晨起吃粥，我和弟弟還常吃鰻魚粉，那是一種以鰻魚為主要原料，混合幾種中藥，由藥房焙乾再研成粉末的補品，樣子有點像磨碎的咖啡，據說是用來補肺的。那年代，人人談到肺癆就變色。鰻魚粉拌在粥裡吃，香香的，沒有藥味。

醃大白菜以外，過年前要準備的，還有鹹煮小花生，這種花生瘦瘦的，大小有點像小拇指，花生仁也是小小的，有些花生裡有三粒、四粒或五粒花生仁，我們稱這些花生為三彎子。花生用鹽水煮熟了以後，分裝在幾口罈子裡，吃時抓一盤出來，是下酒或配稀飯的良伴。

小花生和其他風雞風魚香腸臘肉等等年菜，必須都在過年前幾天煮熟，還要煮一大鍋飯，因為新年三天內，是不可以有生米生菜下鍋的；好在，農曆新年在隆冬季節，天氣寒冷，雖然那時還沒有冰箱，熟菜也不會變味。

還有一樣是鹹鴨蛋，那是高郵的名產，家家戶戶都會醃的；上海南京等地賣鹹鴨蛋的店家，都掛著「高郵鹹蛋」的牌子，以廣招徠，實際上都是本地的產品，我們高郵人看了，都暗暗覺得好笑。

鹹鴨蛋通常是放在煮粥的鍋裡一起煮，煮好的蛋，對光一照，找到空頭的一端，輕輕敲破，剝掉碎殼，筷子一扎進去，就會有黃得發亮泛紅的蛋油滲出來，吃在嘴裡，口角生津，餘味無窮。

高郵的鹹鴨蛋，味美而聞名全國，不是有什麼特殊的醃製技巧；其實就是用拌了鹽的濕泥，塗滿蛋殼，等醃的時間夠久就行了，毫無神奇可言。鹹蛋好吃，是因為水鄉高郵，河灣港汊極多，水中盛產魚蝦，鴨子吃魚蝦長大，生下來的蛋，自然就與眾不同了。

高郵真正的土特產是雙黃蛋，遠近知名：生雙黃蛋的是大麻鴨，最多出現過一蛋四黃的。我小時候，吃過雙黃蛋，並不常吃。

有好幾年，除夕的晚上，父親說要遵行祖先的傳統，提前準備了許多小額鈔票，裝在用紅紙糊的小袋子裡，再要傭人分別到附近的貧民區，乘人家不注意的時候，悄悄地把一小包錢，丟進人家的大門或窗戶，丟了就走，以免得到紅包的人家不安。父親說，過去曹家最興旺的年代，寶善醋坊每年臘（十二）月二十三至大年除夕，店、坊營業所有收入，都不入賬，每晚分派員工，至附近鄰里，對白衣貧戶，暗放現金及米票。有一年，發放現金的員工，將一串錢，從人家的窗戶投入，正巧一舉將屋主的飯鍋打破；逢年過節，鍋被打破不但是經濟上的損失，更被視為不吉利的壞兆頭；結果是加倍賠錢道歉，才算了事。

過年前，家家戶戶都必須做的一件大事是”送竈”，恭送竈君菩薩上天言好事，來年保平安，為了討好，聽說還有人家在竈臺供奉的竈君神位上，抹一點蜜，賄賂他，希望他在玉皇大帝駕前述職時，嘴吧甜一點。我家是臘月二十三送竈，而大部分的人家，是二十四送竈；相傳又有官三民四的說法。現代的人家，幾乎都不用磚石砌的竈臺，竈君也早已不知何處辦公了。

大年夜，要守歲，吃年夜飯（又叫團圓飯）時，小孩子可以飲一點酒，還可以晚睡；飯後，全家人一同玩牌九、逍遙遊之類的遊戲，直玩到眼睛困倦得睜不開時，才依依不捨地勉強上床，睡覺時通常都已過午夜了；小時侯，差不多年年都是如此度過大年夜的；第二天一早醒來，已是大年初一，先伸手摸枕頭下面的紅包，看看有多少壓歲錢。

元月十五日是上元節，是新年的最後一個節日，又叫做燈節，全城到處都是花燈，還有迎神送神的花車遊行，通稱賽會，大街上更是人潮不息，小孩子們人人都有一個花燈，我小時侯玩的最早的花燈，是一隻可以在地上牽着走的兔子燈。記得是五年級或六年級的燈節，因為聽大人們說，想有孩子的人家，到土地廟去搶一個花燈送給他家，就會生孩子了。我把這句話牢牢記在心裡，等到燈節的那天晚上，我在滿眼人頭的小廟裡，奮不顧身地在搶燈的人群中，一馬當先，爬上祭壇，摘下一個小紅燈籠，抱在胸前，向着乾爹許以禪先生家，飛奔而去：乾媽接到送子的紅燈籠，高興的了不得，把我摟進懷裡，連聲誇獎，我也自覺十分得意。

小學時代，男孩子打架本是常事，而我，不太會主動去惹麻煩；有一次不知為了什麼，跟一位同學打了起來，拳來腳往，彼此都挨了幾下，既沒有鼻青臉腫，也沒有頭破血流，打完我也就忘了。想不到放學回家不久，這位同學由他母親陪着，找上門來，要見主人，剛好我父親在家，在大門口聽到對方指責我打了她的兒子之後，也不問事情經過如何，誰是誰非，把我叫來，又要傭人遞給他一根用藤條做的雞毛撣子，倒轉過來，握著縛雞毛的一端，當著來人的面，在我的下半段，用力地抽將起來，痛得我閃躲蹦跳，連帶眼淚鼻涕雙雙流下；就這樣一陣體罰以後，那位帶著兒子來討公道的母親，似乎滿意了，在我父親連連道歉賠不是聲中，挾勝利的餘威，攜子而去。其實我對那位同學，並沒有特別深刻的印象，心中卻有十二萬分的委屈。

回到屋裡，父親把我叫進書房，對我說，你們小孩子打架，本來說不清誰是誰非，兩個人都有責任，有一個好的就打不起來。架打過了，對方家長認為她兒子沒有錯，吃虧了，找上門來，如果我不當她的面懲罰你，她會認為我護短，一定不肯甘心，也有可能想別的法子報復你；所以我不得不打給她看。你自己也要知道，打架總不是好事，也不能解決問題，不打架不是什麼事都沒有；好了，以後要自己當心了。從那次相當冤枉地被打以後，遇到與人意見上可能矛盾時，我總是先自我檢討，我有什麼疏忽或失誤的地方，全力避免把責任都推給對方。

同學們知道我的家長管教嚴格，就利用這一點來修理我。有一天放學後，一位同學在我還沒到家之前，先跑到我家，對我家長說，你家曹森（入學前，父親發現本城已有一人名叫曹樹，就為我改名曹森）[2]，在學校裡跟女伢子（伢音霞，高郵方言，女伢子即女孩子）香嘴（接吻的意思）；我回到家，不知道已經有人來告過密；父親見我回來，就把我叫進書房，問我是不是在學校裡跟女伢子香過嘴？可是我並沒有跟女伢子香嘴，我就回說沒有。父親不理我的回答，把我帶到堂屋，在祖先的神位前上香，要我跪在祖先面前懺悔；我是有口難辯，而父命難違，只得一一照辦，好的是這一次被告密，沒有使我挨打。

另一次是該挨打卻沒有挨打的事，是我不告而取地拿了母親的錢。

母親臥房的迎桌（高郵方言，主臥房內的專用桌）的抽屜裡，大大小小的鈔票，散亂地放著，被我偶然發現了，乘母親

---

[2] 我的命理中，五行缺木，父親為我取名曹樹，後來發現有同名的，就改名曹森 ,名字可以改，木不能不補，而且從一棵樹擴大到一座森林。

不在房裡時，偷偷地拿了一點，在街上買東西吃，用不完的錢，就藏在鞋內帶了回家，以為這樣就很安全了。平時，我們一回家放下書包，就換拖鞋，接着在放好水的面盆洗手洗臉。因為回到家就習慣性地換鞋洗手洗臉，竟將鞋內藏錢的事忘了；不知是第幾次，被父親發現我的鞋內有錢，就把我叫去，好好地說了一頓，解釋平時不給零用錢，是怕我們自己不小心，買到不清潔的東西，會吃出病來；那以後，我再也不敢不告而取了。

我母親一共生了六個兒子，因此我家只有兄弟，沒有姊妹。我們兄弟都是單名，可是父親的朋友來家裡玩，彼此之間，都以某某兄某某兄互相稱呼，對單名的人，就稱張兄、王兄，或連名帶姓稱張某兄或李某兄，我聽起來覺得不舒服，好像點名，怕將來別人也這樣連名帶姓地叫我；就在家裡翻查《歷代名人大辭典》，翻來翻去，發現宋代名相，唐宋八大家之一王安石的號，介甫兩個字，看上去英挺俊拔，與高軒的曹字連在一起，愈看愈順眼，一查辭源，介是耿直，甫是男子的美稱，私下就決定用介甫作自己的號。這大約是小學五六年級時候的事；想不到沒過幾年，經歷了人生一次驚心動魄的劫難以後，我就改用介甫作名字了。

一年四季中，只要有應時的果品上市，家裡都儘快買回來給我們吃，就是不給錢讓我門自己買。像春天桃子李子上市，我們只准嚐一點點，據說桃李吃多了，對身體很不好；但是到了夏天，西瓜一上市，家裡就派傭人到陳家巷尾的大淖（音腦）[3]去，到運西瓜的船上去選瓜，由賣西瓜的，一擔擔地挑到家

---

[3] 淖，音腦，是一大片水，比湖泊小，比池塘大，春夏水盛時，是頗為浩淼的。據名作家鄉前輩汪曾祺先生說，這個字，高郵全縣，無人認得，據說是蒙古字，大淖這地名，大概是元朝留下的。

裡來。西瓜一個接一個排在空屋的地上。炎熱的夏天，一早就挑兩三個西瓜，用竹籃子垂到井水裡去泡著，等下午午睡醒來，洗過澡以後，將井中的西瓜提上來，一切兩半，又甜又涼，是一大享受。想喝甘蔗汁時，我們就把巷口水果攤子上的老闆找來，他來時，也隨帶幾根上好的甘蔗，和榨汁用的凳子，在我家的天井裡現榨。我們怕街上灰沙大，在街邊榨的甘蔗汁不夠清潔；可是我們在外面，卻羨慕別人家的孩子，手握一段小甘蔗，邊咬邊嚼邊吸甜汁，那種自主而又滿足的神態。

夏天的晚上，女傭人先用大蒲扇，幫我趕蚊帳裡的蚊子，等我上床睡好，再把帳門塞到涼蓆下面，離開時輕輕把房門帶上；過了相當時間，父親估計我已睡熟，就拿着一枝點好的臘蠋，來幫我「燒」漏網的蚊子；父親推門進入我的房間，微弱的燭光，每次都會把我驚醒，也算得兒時的一件趣事。

不記得是在四年級或五年級，同班一個家境不太好的同學，久病以後來上學，下課時拿着一根棒棒糖，津津有味地在吃，我要他給我吃一點，他不肯，我就一把把他從椅子上拉了下來，按倒在地，騎到他身上去，學武松打虎。打了一陣子，我站起來，要他自己回座位去，他不理我；我有點不放心，一邊說你還裝死，一邊把他拉起來，放回他的座位，豈知一放上去，就滑了下來，連放兩三次，都滑下來，同學們見狀，就大叫打死人了。被打的這位同學的弟弟，在隔壁教室聽到消息，狂奔回家報信；這時，負責上下課搖鈴的齋夫（校工）小居子，正好經過教室門口，走進來一看，情況不對，他二話不說，立即又掐人中又捏虎口，施行土法急救，在這位同學的母親衝進教室以前，被我打昏的同學，已經甦醒了，險些鬧出一條人命。

我家是不准吃棒棒糖這一類糖果的，平時，就是絕對不給一分零用錢，怕我們在外面亂買東西，吃壞肚子。因此，我對其他同學有自由零花的錢，羨慕得不得了，才會鬧出這個有驚無險的大笑話。後來在大學裡讀經濟學，才知道使用「購買力」（花錢）是一種享受；享受被剝奪了，在對比之下，心理自然會出現不平衡。可見家長對子女無微不至的照拂，有時也會帶來意想不到的後果。

小時候，我長得白白胖胖的，家境富裕，父母都是受過新式教育的時髦人物，只有弟弟，沒有姊妹，許多沒有孩子又想有孩子的人家，認識我們的，都喜歡收我做乾兒子，以盼得個生兒似我的吉兆。我做乾兒子唯一的義務，是每逢見到這些乾爹乾娘，就乖乖地叫一聲乾爸或乾媽。過年時，好幾個「外家」，是我拜年必到之處，一是為了表示「孝心」，二是有「壓歲錢」可拿；除了過年和我生日的紅包，一年三節，收乾兒子的人還有破費：除夕以前，家家都送來一隻大鴨子，鴨子的嘴裡，照例銜一根裹了紅紙的青蒜；端午節就送粽子和鹹鴨蛋；中秋節送月餅及應時水果。其中，過年送的鴨子，另有深一層的涵義，鴨子諧音「押子」，希望像押寶一樣押到一個兒子，最受重視。因此，逢年過節，上門給乾兒子送禮的人，就絡繹不絕。

我還擔任過只有男孩子才能客串的角色——壓轎童子（亦稱轎童或喜童）。高郵傳統的習俗，娶媳婦的人家，不能用空轎子去接新娘子，轎子裡必須坐一個父母雙全男丁眾多人家的男孩子，家境富裕的當然更好，大概這些條件我都具備，因而有幾次做壓轎童子的經驗。

做壓轎童子的當天，必須穿戴得比平時要講究些，坐在四個人抬的大花轎裡，一顛一顛地，被抬到女方家裡，我還未下轎，先聽到震人耳膜的鞭炮，在轎外響聲大作，花轎落地以後，有人來掀開轎帘，把我牽出轎來，任務便完成了。這整個過程中有一景，是有人把我抱起來，往新房裡的大床上一丟，但見床上蚊帳是新的，紅得耀眼的新枕頭和新棉被，嶄新的床單上，灑了許多喜果：紅棗、染紅的花生和白果（銀杏）、彩紙包的糖果等等，有沒有紅包我已不記得了，而這被丟上新床的一幕，是在接新娘子之前或之後演出的，也都想不起來了。

算命，是我兒時另一個有趣的經驗。我一出生，父親就將我的生辰時刻，寄到鎮江，請當年頗富盛名的命理家袁樹珊先生細批流年了。讀小學時，假期中或週末在家的日子，偶而聽到有算命的瞎子，敲著小鑼從門外經過，母親常會請他進來，為全家人一個個算上一算。

我印象中有一次，算到我時，算命先生說，你家的這個雞不簡單呢，不是普普通通的雞呢，是隻鐵脚雞，將來要走遍天下的；所以我記得特別清楚。父親對我的生辰八字，幾乎背都背得出來，他說我的八字中，有兩座長生、兩座貴人和兩座文昌。

我從小缺少數字觀念，也因為數學細胞不發達（實際上是少得可憐），從小到大，吃了不少苦。小學五、六年級的數學老師是劉子平（權）先生，每天都有他的算術課，每天都有十個題目帶回家做，第二天課堂上交卷，兩個作業簿輪流使用；每堂上課，發還前一天的作業，叫到名字的就上去領簿子，錯一題打一計手心。記憶中，我好像没有一天不挨板子，對劉老師的印象也就更外深刻。我雖然天天為數學挨打，成績與興趣卻始終提不起來。我考大學時，也是因為數學不濟，連考三年，才擠進大學之門。

我家書房朝西的一排窗户外面，是一個大院子，裡面有一棵大花椒樹和其他樹木花草。記得是一個夏日的午後，驟雨過後不久，院子裡又是一番清新景象，我打開通往後院的門，搬了一把藤椅，坐在紗門內欣賞雨後的園景。母親見我坐在那裡，靜靜地望著院子，久不出聲，走來問我在想什麼？我說寫詩難不難？母親說，你多讀一些古人的詩詞，慢慢模倣、練習，自然就會寫了。那時，父親的朋友們來玩，言談之間，常唸誦一些押韻的句子，有些聽不懂，有些似乎有一點懂，引起了我的好奇心。

夏大哥一家從上海下鄉逃難；等局勢稍為平靜了以後，他就帶著兩位比較大的妹妹夏倩與夏菊，還有一個表妹秋香，同回上海繼續升學的那幾年，寒暑假來去，都會在我家歇幾天，才雇船下鄉回墩子上去，或是乘輪船經運河過長江，到鎮江搭火車去上海；有時另有一位寶應的表哥朱祖培，與他們同行，去上海讀書，也在我家歇腳，家裡就更熱鬧了；朱表哥和倩表姐，後來结婚成家。

有一年暑假，夏大哥一夥人，途徑高郵，又在我家歇脚，家裡突然增加好幾個人，房間不够分配，安排一個大人帶一個小孩，睡一張床，我的卧房裡是一張雙人床，就讓一個表姐與我同睡；那年我是小學四年級及或五年級，表姊和我各睡一頭，中間還隔得遠遠的，也許是從來未曾有女同床過，不知為什麼，那幾夜，我老是翻來覆去，無法安眠。

每次從上海回來前，夏大哥總先來信問我們要帶什麼東西。有一年寒假回鄉，給我父親帶來了一副橘色麂皮手套，套口又寬又長，可以把厚呢的冬大衣的袖子，裹進去一截；有一年暑假，我在回信裡要他帶一點從未見過的香蕉；香蕉是帶回來了，一半已發黑，裡面似乎也爛了，可是吃在嘴裡，香甜無比，後來在上海甚至到臺灣，再也没有吃到過那麼可口的香蕉。

夏大哥在上海震旦大學學醫，寒暑假來去，還教給我一個生活上十分實用的小技巧：西式長褲脫下來以後，平整地疊好，放到床上墊的褥子下面去壓著，過了一夜，第二天穿上身，幾乎會有熨斗燙過的效果，美其名曰：「墊燙」。往後的許多年，在軍中，在學校，以及服務各地時，每晚，我都把換下來的長褲，墊燙一番，其妙無窮。

一九四四年的元旦，夏大哥與王淑仙小姐在上海，參加市政府主辦的集團結婚後回來，事前沒有来信通知抵達日期，我們也没有想到要作些準備。他們乘輪船到高郵的那個晚上，外面下着大雨，突然有人敲門，兩輛黃包車，載來一對新人，但不肯立即進門，要開門的傭人問問二舅舅，可不可以讓新娘子進屋裡來？按當年高郵的規矩，新娘子不可進别家大門；可是當時外面大雨，夏家又是至親，加上我父親為人，爽快慣了，聽說夏亮帶新娘子来了，連忙走到大門口，請他們趕快進屋，不要被雨淋了；又補充說，你們來，我十二萬分歡迎，但是來得太匆忙，我也來不及為你們準備《三道茶》（京果，蓮子，棗子 —— 高郵傳统，接待新婚夫婦的禮俗）了。後來，夏大哥夫婦下鄉以後，父親才對我們說，夏亮很聰明，來前不先預告抵達日期，以免為我們添麻煩，而這些老規矩，本來不是一定非照辦不可的。

夏大哥結婚以後，有一次帶大嫂去上海，又在我家歇腳。一天，我不知犯了什麼錯，被媽媽拿板子打屁股。夏大哥不維持中立，反而在旁邊說不打不行；我心裡很不甘願。我想，這些年來，一直親切地稱你大哥，我在你面前挨打，已經很不好意思，你還火上加油的說風涼話。我被打過以後，發現他睡的床上，正「墊燙」著一條西裝的褲子，乘沒有人注意的時候，拿了紅墨水瓶，對著褲管的下半截，輕輕地倒了一點紅墨水。後來，我看見夏大嫂用肥皂一洗再洗，可是紅色已浸入纖維，再也洗不掉了，一套西服已不能成套。他們當時，不知有沒有想到是我的惡作劇，因為是在我家作客，也沒有好表示什麼。直到二千○一年初春，我在紐約與在舊金山的夏大嫂通電話時，提起這個半世紀前的「餿」事，她已不復記憶，我們在電話中，曾相互大笑了一陣。

自從我們回到高郵以後，距離縣城較遠的地方，田租收起來慢慢困難了，有些地方，管田禾的（負責為地主就地與佃農商討，當年該繳多少收成的人）也漸漸不敢去了，我家的收入，也就隨之減少了。後來，縣城附近鄉下進城來的人說，地方上常有零星的新四軍出現；他們是乘政府西撤，鄉鎮公所解體，群龍無首，南京偽政府力不能及，而侵華的日軍，又只能佔領點和線；新四軍就是利用這個空檔的時機，在淪陷區，一點一滴地作面的擴張，在地方上培植勢力。不久，又聽說新四軍要徵糧了，要收稅了，還召集地方上的鄉民百姓，開「坦白會」，誘迫他們作自我檢討了。

新四軍在鄉間擴展勢力時，兵力不多，但絕不擾民；他們常常召集農民百姓開會，並且創出一個口號：「國民黨的稅，共產黨的會」。對鄉下知識程度不高的人來說，比較起來，稅多當然不好；開會只耗一點時間，而且多半是在晚上，比繳稅的壓力輕多了。事實上，誰來誰去，要東要西，都由不得他們，也只有默默地承受。共產黨在擴張地盤時，未曾遭遇明顯的阻力，這可能也是原因之一。更何況，一般民智未開，很難也無法作深入的思考或判斷：自然更說不上抵制、拒絕或反抗了。

這時，也有一些有經驗的人說，共產黨是三頭政策：叩頭、搖頭、砍頭；但是一時還看不出來。

一九四一年十二月七日，日本偷襲珍珠港，太平洋戰爭爆發以後，日軍在東南亞一帶，幾乎所向披靡；每攻佔一地，就發動城裡的中小學生，晚上舉行提燈遊行大會，慶祝勝利；在城裡繞過幾個圈子後，集中在一處有高臺的地方，我們成百上千的人，熙熙攘攘地，提著燈籠聚在臺下，遠遠看著臺上站的許多日軍官兵，在那裡志得意滿，情緒最高昂的時候，他們一群人，雙手一次又一次地，托起步槍、指揮刀或軍旗，高呼我們聽不懂的口號。

有一年冬天，我與幾個同學，從東門內日軍營房的後面經過，遠遠地看到好幾個短頭髮的日本兵，光著上身，在露天的寒風中洗澡，而我們身上，穿了棉襖、棉褲、棉鞋和長到腳面的棉袍，還有厚厚的帽子圍巾手套，都被凍得縮手縮腳的；相形之下，實在不得不承認日本軍人夠強也夠野。

城內城外，隨處可見所謂「建設大東亞共榮圈」，或「中日滿提攜」等標語；大街小巷的牆壁上，畫了許多大大小小、面目與方向不完全相同的「仁丹」廣告，樣子有點像橋牌上的老K；抗日勝利以後才知道，那是日本人在中國多年調查測量後定下的暗號，用不同大小不同相貌與方向的仁丹廣告，指示道路的方向、橋樑的載重量、河寬水深以及山嶽的地形地貌，供一旦有軍事行動時，用作指標，可見日本人對我用心已久，也很深入，日軍的軍用地圖，比我們自己出版的本國地圖還要詳細。

小學畢業以前那幾年，街坊附近的小朋友們，常和鄰近社區的孩子們打群架。我們新巷口陳家巷這一帶，還有模倣軍隊的組織，大體上是按年齡的大小決定軍階。陳家巷內，我的年齡比較大，當軍長，我家隔壁華家醬園的大兒子華鎮當師長，我的弟弟曹暉當旅長，華鎮的弟弟華桐當團長，……。前面新巷口三益五洋店後面住的費家大兒子費新城，按年齡應當做軍長的，但是他覺得做「軍師」更高段（大概是看了三國演義，心中有諸葛亮情結），先挑了參謀長；反正人人都是官，跟在我們後面，比我們小的一群孩子們，就是我們手下的士兵了，他們也不爭什麼名銜；何況這些所謂的熊掌（長）鴨掌（長），都是大孩子們私下計議的結果，沒有公開宣佈，當然也就不會引起「群眾」的不滿或抗議了。

打群架的時候，人貼人扭在一塊「肉搏」的機會不多，通常都是遠距離的互攻。我們把長袍前面的下擺提起來，一手握著兩個衣角，形成一個口袋，在地上揀些小石塊碎瓦片放在裡面，「打仗」的時候，或進攻或退卻，一面拋出「子彈」，一面快速行動；有時被打敗支撐不下去了，一放手，把剩下的子彈丟光，拔腿飛逃。

抗日戰爭期間，父親醉心京劇，週末的晚上，他去城內中市口新城大戲院看戲，常帶我和弟弟同行，有時母親也去就全家出動。戲院在城裡，我們去看戲，先是坐黃包車來去，後來三輪車流行了，就乘三輪車。看戲時，不但有戲看，還有水果點心好吃，因此從不錯過。戲看得多了，家裡的留聲機唱片上，還可聽到當時北平、上海的名角如馬連良、麒麟童、譚富英、梅蘭芳、程硯秋等人的唱段，對照著大戲考上的唱詞，我也學會了哼哼，漸漸地培養了欣賞京劇的興趣。

我的父親不但看戲聽戲，還做票友上臺演戲，與同窗好友周鳴歧先生等人，合組白羽票社，定期聚會練唱，詩酒佯狂，並用以掩護曾經擔任政府公職的經歷，竭力避免任何敵偽政權的徵召；但是對迫於生活壓力而出任偽職的親友，卻極表同情，常在家裡對我們說，政府撤退到四川，又不能像劉備當年攜民渡江，人都要活下去，他們不出來做事又怎麼辦？

白羽票社是高郵唯一的票社，票友們都簡稱它”票房”。每當有新的戲班子到埠，開演前照例到票社拜訪，並且奉送三天前排當中座位的戲票，作為見面禮，實際上等於是拜碼頭。票房禮尚往來，不但票價照付，並且還為他們接風。

駐唱的戲班子，也常應票房的要求，派演員來指導唱功、做功。我記得最清楚的，是一個在法門寺裡演賈桂的賀少甫先生，票友們稱他”戲簍子”的，就常到我家來，跟我父親說戲。抗戰勝利前的幾年裡，我父親至少兩、三次粉墨登場，一次演全本法門寺，飾郿鄔縣的縣太爺趙廉。一次演全本四郎探母，飾楊延輝，從坐宮、盜令、出關、見娘演到回令。這兩齣是大戲，演員包括各種行當，票友們各有所好，都有機會上臺大過戲癮。除了這兩齣戲，父親還演過烏盆記裡的劉世昌，捉放曹裡的陳宮等老生角色。

父親因為酷愛京劇，還救過一個人：抗日戰爭勝利前一年或二年，一天晚上，一個常去票房的和平軍（汪偽政府的軍人），找到我家來，說是身處危境，要我父親幫助他逃離高郵。父親要他放心，一定全力幫他。他的身材，和我父親差不多，就找出一套短襖長褲，和鞋袜之類的衣物給他，在家裡住了一晚。第二天清早，又拿了一件長袍給他穿上，外加一頂舊的禮帽和一些錢。

出發時，父親要家裡的勤務（男傭），先到運河邊的輪船碼頭去買船票，又幫這和平軍，把禮帽向前壓得低一些，只露出半截臉，等他出門以後，父親走在他的後面，遠遠地跟着，直到親眼看見，男工把船票交給和平軍，和平軍上了船，輪船離開碼頭以後，才放心回家。

大概是一九四三年，高郵開始有電影院，用一個廢棄的長方形倉庫放映電影；倉庫旁邊，建一間車房大小的屋子，放發電機，看電影的時候，機房的嘭、嘭之聲，在外面伴奏，聽在耳中，成了必不可少之惡，不知不覺地，更集中心神，聆聽影中人的對白和歌唱。

我看的第一部電影，是周璇主演的《漁家女》，黑白片，男主角是顧也魯，演一個青年畫家和漁村姑娘純樸的戀愛故事；女主角周璇唱的幾首歌，像漁家女、交換、瘋狂世界等，在少年學生群中，很快地就流行開了。

日本影星李香蘭（三口淑子）與王引主演的《萬世流芳》，也頗為動人。影片描述林則徐厲行禁煙，李香蘭飾演鴉片煙館中一個賣糖的歌女，唱了戒煙歌與賣糖歌。那時，太平洋戰爭已爆發，日本與英國進入交戰狀態，萬世流芳演的是禁絕鴉片的歷史故事，中國人看了覺得很自然，實際上也是日本在散播反英的迷霧。

印象中，最難以忘懷的是金山與胡萍主演的《夜半歌聲》，金山飾的話劇演員宋丹萍，與大地主的女兒李曉霞（胡萍飾）相愛；不幸的是，遭到大地主的阻撓；同時，垂涎曉霞美貌的惡霸，指使手下用硝酸燒毀了丹萍的面容和雙手。宋被毀容以後，對外傳言已不在人世，而多情女深愛不移，每晚仍在幽會的後樓苦等；宋無法「面」見情侶，夜色濛瀧中，遠遠地，隔着深深的林園，以沈抑、悲憤、哀怨的歌喉，唱出與影片同名的怨歌：「夜半歌聲」，遙慰伊人。

抗日戰爭勝利的那一年，從界首來了一位同學叫施文浩，渾名叫施大圓子的，他教我們做一種新武器：一段有三個節的竹子，用一端做把手，另一端剖成三叉，可以夾三個小瓦片，甩出去的瓦片，比手拋出去的要遠得多，美其名為「三八式」，那是日軍制式步槍的名字，比中國「七九中正式」步槍，看上去似乎較為靈巧。

大概也是在五年級或六年級，一天下午，與一位同學繞著文游臺，從臺後斜坡的一條小路上經過，看到一個穿黃色青年裝的人，大約二十多歲，沒有戴軍帽，身上也沒有任何符號；他卻攔下一個挑著一擔稻子，從臺後小路上經過的莊稼漢，查問他叫什麼名字，從哪裡來，到哪裡去，還要他拿出良民證來檢查，莊稼漢沒有帶良民證，這位青年就要他把擔子留下，回去拿良民證來，檢查過以後才可以放行。莊稼漢很為難，不知怎麼辦才好。我對這青年有點懷疑，又不敢說出口，仗著身邊有一位同學，就對莊稼漢說，我們替你看著擔子，你回去拿良民証，我們一定等你回來，莊稼漢就放心的去了。後來，等呀等的，莊稼漢還沒有回來，要查他良民證的青年，已不知走到哪裡去了。

一九四四、四五年間，我正讀小學五、六年級，有一天，同學們鬧哄哄地傳說，教室前面的空地上，長出豬毛（朱毛）來了，大家好奇地走過去看，確實看到有一小塊地面上，好像是從地下長出來，又像豬鬃又像棕櫚樹皮的東西；而地面的泥土相當結實，長滿厚厚的蘚苔，與豬毛相似的東西，不像是有人「種」下去的。

此外，另有一件奇事：同學中有人發現，南京偽政府發行的鈔票，背景是中山陵全景，在繁茂的枝葉當中，隱隱地藏有

「中央馬上要來了」七個小字；用肉眼仔細看，就可以找得出來，非常有趣。

一九四五年初夏，我從新巷口小學畢業，全班六十三、四個人，我是第六十或六十一、二名，成績很不理想，為了投考高郵唯一的縣立中學，放假以後，每天到吉明孫先生家補習。吉先生只教我一個人，所謂補習，就是將小學五、六年級各科的課本，逐課強記、默寫或演算，等於將高小的全部課程重讀一遍。經過這樣考前的嚴格準備，總算僥倖考取了本縣唯一的中學。縣中考取之後，一切都鬆懈下來了，就想利用剩下的半個暑假，痛快地玩玩，以彌補考前備課的辛勞；每天隨着比我大的孩子們，到處閒逛，還常下河玩水；玩得正高興時，突然病倒了，患的是瘧疾，俗稱打擺子，每天發一次，有時兩次。擺子打起來時，全身一陣冷一陣熱。冷時，雖在夏天，要加蓋厚棉被才擋得住；熱時，人像泡在熱水鍋裡，大汗淋漓。

我家有人生病，通常是請兩位醫生診治，西醫張鑫先生或中醫蔡晉齋先生。我的病來勢甚猛，父親就請兩位醫生來家裡會診，一同為我治病。

中醫與西醫，治療瘧疾，採用兩種不同的方式：中醫除了把脈、看舌苔、開方子熬中藥喝之外，還規定要嚴格忌口，平常的飯菜都不能吃，只能吃一些清淡的稀飯、青菜湯之類容易消化而又不油膩的東西；西醫則量體溫、打針並規定按時服藥，不要求忌口。我們為了慎重，兩位醫生的話，完全照做。飲食清淡到沒有一點營養，在病魔的侵襲下，同時服用中藥與西藥，外加打針；一個十一、二歲的小孩子，在數管同下的「治療」中，沒有多久，瘦得只剩皮包骨；我衰弱得連下床到床頭的馬桶上去方便，都要叫傭人來攙扶；張醫生在我的臀部注射，要用兩指揑起薄薄的皮肉來，才插得下針。

昏昏糊糊地，不知病了多久，有一天，我好像從床上輕輕地向上飄，浮在比蚊帳還高的半空中，可以俯視床上躺着一個骨瘦如材的人，當時並沒有意識到那是我自己的軀體，似乎有一點點空靈的感覺，但絕不會害怕，也沒有痛苦，不知過了多久，這個現象才無形消失，我還是我。許多年後，讀到一些談靈魂、談前世今生、談生命輪迴之類的書，才意識到，兒時病重，飄浮在空中，「看」到自己的軀體，大概就是所謂靈魂出竅吧！

我就這樣病病病地沒有起色，慢慢地，也不再請醫生來出診了，也不再吃藥、打針了。父母雖不說，對我的康復，似乎也不抱什麼希望了。雖然不在乎花多少錢，但是，已沒有地方可花了。就在我幾乎走到絕境的時候，好像母親聽人說，既然中醫西醫治了那麼久，吃藥打針的，都治不好他的病，又何必老是餓他呢！於是，就把米在鍋中炒焦了，用炒焦的米，煮米湯給我喝；不知不覺地，病的感覺慢慢沒有了，人也一點點地恢復起來了。

有趣的是，我病中忌口，什麼都不能吃的時候，心裡還是饞饞的，我曾一再跟照應我的高媽（高郵人對成年女傭的通稱）說，我病好了以後，要吃什麼什麼，高媽也立即答應為我做什麼什麼，我就不時地過乾癮，把解饞的希望都留到病好了以後再說。可是，病得上下床都力不從心時，連吃的念頭都沒有了。

到我可以下床走動時，縣中早已開學，我的體力還無法走到學校去，媽媽就在家裡，親自教我 ABC 和代數。等我可以自己走到城裡的縣中時，學校已上課幾個星期了。我怕功課跟不上，每晚到縣中一位張老師家去補習，同時參加補習的，有十幾二十個人，屋子裡坐得滿滿的。

學校是九月初開學的，開學前一個驚天動地的大新聞，使淪陷區的人有重見天日之感的大事發生了，日本宣佈無條件投降，我們勝利了，再也不必提心吊膽過日子了。

在人們的歡欣鼓舞聲中，中央政府勝利還都了。不久，省政府派張冠球先生到高郵任縣長；接受了他的邀約，父親同意出任第六區區長，區公所在運河線上的界首鎮，在高郵的北方，距縣城大約三十公里。家裡裝起手搖電話，父親每天出門開會了，來往的人，談的都是如何在界首展開工作的事。

時近初冬，正在大家忙得興高采烈，也忙得一團亂麻，還沒有忙出頭緒；消息傳來，新四軍已迫近高郵，要攻城了；當晚，城門緊閉，內外不通了。父親在城外已有共軍蹤跡，又無法與縣政府聯絡的極度懸疑惶惑的情況下，不得已，換上鄉下人的棉襖棉褲，戴一頂破舊的帽子，由一個同樣打扮的人陪伴，走向荒郊，在鄉下繞行了幾天，最後在揚州停留了下來。

父親出走後不久，鄉下有親戚派人上城來報信：有人正糾集群眾，要到城裡來抄我們的家。搶在歹徒來襲前，母親帶著我和二弟暉、三弟霖、四弟鑫，匆匆離城，遠走八字橋（今八橋鎮），二度下鄉避難；解放軍隨後於一九四五年十二月二十六日進入高郵。

八字橋楊家有我祖母的六妹，我稱她六姑婆婆的，主持著一個大家庭，我母親的妹妹吳氏素梅，是她的二媳婦。幾年前，在海關任職的二姨父楊寶華先生，職務一再向北方調遷時，他們就常將兩位表弟楊霈、楊霑，安頓在我家，和我們一同食宿上學；現在輪到我們到他家來寄住了。抗戰勝利前不久，二姨父被調到關外的冷口，二姨娘又一次送兩位表弟來我們家，她人尚未回到二姨父的任所，二姨父被不知那一派的人武裝劫持走了，從此下落不明。

我在亦鄉亦鎮的八字橋住了幾個月，再次體驗了鄉村生活。第二（一九四六）年新年過後不久，寒假期中，母親託人將二弟與我送往揚州，先與父親團聚，並繼續學業。途中，經過陳家甸時，在四姑婆婆家住了幾天。四姑婆婆是我祖母的四妹；這時，家裡只有四爹爹和她，住在偌大的一幢宅院裡，也許因為房多屋大、雖然有兩個傭人陪伴，還是覺得屋子裡空空盪盪的。

四爹爹要我們用毛筆寫自己的名字給他看，還教我們試用他吃花生的小玩意；那是用紫紅色的檀木做的一個鉋子，和木匠用的鉋子很相像，只是小了許多，鉋子分上下兩層，上層是個長方形的盒子，可將去殼去皮的花生仁放在裡面；下面一層是有點深度的托底，兩層之間斜豎著一片薄薄的鉋刀，將鉋子的上層前後推動，花生仁就鉋成了小小的薄片，落在下層的托底裡；沒有牙的老人有了它，就可以享受花生的美味了。

我們到了揚州以後，住在江西碗店的樓上；這時，父親在私揚中教書，我就在私揚中插班一年級下學期就讀。沒過多久，母親帶着三弟四弟，亦到了揚州，全家再度團聚。

私揚中設在黌宮內，因為房舍過多，學校只用到較後面的一大部份，前面一排和左右兩側，還有十幾個大大小小的教室空著，徵得校長戴天球先生的同意，父親就引介了十幾戶高郵同鄉借住。學校不收房租，連水電都是免費供應的。

我在高郵縣中讀初一上時，先是因病延遲入學，後因全家逃亡而輟學幾個月；插班私揚中初一下，因上學期缺課太多，成績自然不會高明；初一讀完，就想重考簡稱省揚中的江蘇省立揚州中學，省揚中當年的校徽是一個白銅製的倒三角形，當中一把紅色的火炬，上面一排”省揚中”三個粗方體的藍字，銀紅藍三色的組合，十分醒目。省揚中在抗戰以前就已經是全國知名的領先高中，工科的畢業生，可以免試直升交通、北洋等理工科著名的大學，每年都有慕名來自各省的考生。我投考省揚中時，省揚中的盛名仍在，雖然是第二次考初中，仍唯恐考試失敗，記得曾準備了一個小抄，以應急需，結果沒有見到我預想的難題，竟未能派上用場；應考時雖略有緊張，僥倖也考取了。

暑假過後，要繳學費了，家裡沒錢，由一個預定隨我父親去界首，擔任隨扈的湯成林先生，幫我們背了一箱冬季的衣服，送進當鋪，我才上得了學。

省揚中在揚州城內偏西的大汪邊，沿著城牆的大片校區，一走進正門，就可看見濃蔭夾道的大路盡頭，巍巍地矗立着一座西式洋樓，五層高，一樓二樓之間，嵌一塊匾，從右到左三個大字：樹人堂。

樹人堂內的一二樓，是大禮堂，每星期一的週會或全校性集會，都在這裡舉行。樹人堂是座西朝東的，他的右側，沿着城脚，有一個南北伸展的大足球場；當年我還太小，沒有資格下場踢球，只能和一群年齡相近的初中生，等在球門的後面，搶出場球，再踢回去。樹人堂的左側，是有許多教室的「口字樓」，兩層，因建築的形式近四方形，命名“口”字樓。

校園內一片幽靜的小草坪上，有座四方形下粗上細的小水泥塔，頂端安置着名校友朱自清先生的胸像。

我在省揚中，只讀了從一九四六到一九四七的初中一年；當年逃難在揚州，加上家中有事，生活與心情，都不很安定，書讀得馬馬虎虎，如今回想起來，印象較深的有兩件事，一是在女老師的代數課堂上吃白鵝牌泡泡糖，一片有現在的口香糖兩倍厚，我一次吃進三片，糖水嚼完以後，就低下頭來吹泡泡，太大了，一口氣吹不完，吸一口氣繼續吹，一連吹了幾口氣之後，泡泡膨得比我的頭還大，後面的同學看到了，忍不住笑出聲來，我一急，猛喘一口氣，泡泡被吹炸了，黏得我滿臉都是薄薄的橡皮。另外一件事，是在學校圖書館借到一本《游泳訓練法》，參照書上的圖例與說明，自己摸索着學會了基本的游泳與潛水。

秋季開學不久，國軍第五十二軍，在軍長黃百韜將軍指揮下，沿運河線向北挺進，高郵收復了，同鄉們高高興興地，組織了返鄉團，跟在大軍的後面返回高郵。我父親也隨同在揚州的流亡政府，一起行動，到界首就任區長。

母親與我們兄弟四人，未隨父親一同還鄉，我們的學業不能中斷，是看得到的原因，而我們家，不但被歹徒劫掠一空，家具用品全無；聽說客廳地面的方磚被挖掉，房間內的地板也被拆毀，用來養馬，房子破壞得不成樣子，從衛生上考慮，也已不適合居住。

同鄉們都回高郵去了，向私揚中借用的許多間教室，也都歸還了；我們一家住在裡面，既不安全，也不方便，就在焦家巷租了房子暫住。

住在黌宮時，有一天放學以後，和幾個小朋友，在靠近大門的圍牆邊爬樹，爬的是法國梧桐，樹大約有一兩丈高，靠近樹頂的地方，才有大片大片的葉子，樹幹是筆直的，碗口般粗細，裹著翠綠光滑的樹皮。我們通常兩腿纏繞著樹，用雙手的力量，一步一步牽引身體，向上攀爬，爬到不能再爬時，身體緊貼著樹幹，一鬆手就直滑下來。記不起是第幾次，滑下來時，襠下一陣異常舒暢的快感，新鮮極了；立刻再往上爬，再滑下來，快感依舊，但是，這一次覺得內褲的前面都濕了，我意識到這可能是”丟身子”，心中微微有些吃驚，不久也就淡忘了。

高郵收復了，我們的經濟又有了來源；仗未打完，大部份的田租是收不到了，但田還是有人買的。我們就靠賣田的收入，維持生活。

第一個學期結束，放寒假時，父親派人到揚州，接我和二弟到界首，團聚了幾天。我們在界首，認識了許多從來沒有見過面的本家與親戚；也參加了許多新年的餐會，相當熱鬧。

父親過去未曾在任何機關做過幕僚，幾乎沒有行政經驗，找到界首本地在區公所任過事的人幫忙，又邀請表兄張士華先生和另一位遠親，曾在私揚中工作的滕茂功先生，擔任區長助理。

界首在水陸交通線上，因為軍事行動頻繁，軍隊調動也多，來往都經過界首；而區公所是當地行政機關，要負責協助徵調民夫和糧草，整個區公所裡，連日為應付軍差，忙得昏天黑地。

堂兄曹康和曹泰，這時也在界首，在三民主義青年團界首分部工作，我曾去探望他們；辦公室內似乎沒有什麼固定的「公」好辦，大家就抽抽煙，談談天。

我們回到揚州不久，就傳來區公所被控貪瀆的消息；又傳說父親失蹤了；一天，我看見一個陌生人來到家裡，悄悄地交給母親一個紙條；黃昏以後，母親說出去有點事，晚上才能回來；因為母親從來沒有因為在外辦事而說要晚歸的，我心中就起了疑惑，是不是父親已逃到揚州，一時不便回家，通知母親去見一面；這個預感產生以後，在母親走出大門不久，我就靜靜地跟了出去，隔得遠遠地，在後面跟着，一直跟出小南門，直到母親走進一戶農家，我心中就十二分確定父親已到揚州。

那一天，母親回到家裡時，已近深夜，我不問，母親也沒說；這一趟秘密跟蹤的事，我始終藏在心裡，從未與母親提起過。

父親「失蹤」以後，官方還在設法誘捕；那時，我們已經遷居焦家巷，傭人帶三弟四弟在巷口閒逛時，常有守在那裡的便衣人員，故意走上前來，問三弟（四歲）或四弟（三歲），你爸爸在不在家，小孩子不會說假話，回答他不在家。這些人有任務在身，不能任意走開，也不知守候了多久才不再來。他們以為我父親逃出界首以後，一定回揚州躲在家裡；事實上，我父親經揚州到南京，接受了表兄亙園的建議，立刻遠走西北，到西安鳳凰山，在西安織造廠任廠長的姨兄陳恭昭家避鋒頭去了。高郵有句俗話說，好漢不吃眼前虧。

這以後，家裡不時有化名人的信寄來，看筆跡就知道是父親寫的，每封信總是厚厚的好幾張。信中都列舉事實詳細解釋說，你先生是被人誣告、陷害的；可是，案子既已存在，當局又在處理，我們雖有冤屈，也不能置之度外。當年，剿共戰爭正在全面進行，稱得上兵荒馬亂，國共雙方，兵戎相見，政局時有變動，行政難上軌道，司法難秉公施行，是盡人皆知的實況。

父親被誣陷的冤案，不知母親輾轉託了多少中間人，賣了多少田才買銷的；案子撤銷父親清白歸來前，我已投筆離家販桃子去了[4]。

---

4 九四七年初夏，我在省陽中才讀完初一，就投考青年軍當兵去了; 出外闖盪，高郵人稱作”販桃子“，是犯”逃”字諧音的說法。

四・少年從軍

一九四七年五、六月間，我在母親的母校省揚中將讀完初一，當時，父親被誣陷的官司尚未了結，人又不知去向；高郵不可能回去，母親帶著我和三個弟弟，住在焦家巷租來的房子裡，靠賣田的錢，維持生活。三弟四弟還小，一個四歲，一個三歲，家裡有一個奶媽，照應他們兩個人，另外一個女傭，專做家務。

我們流亡在外已一兩年，不知道什麼時候可以回鄉。田租早已收不到了，我不知道日子怎麼往下過，心中充滿了無奈，也有許多不平和不滿。母親是比較淳厚寡言的人，對生活中的困頓，她總是靜靜地承受，她雖不說什麼，我可以體會得到，她過得並不輕鬆。這時，叫名十五歲的我，已開始隱隱約約地，為全家的前途擔憂了。

一年前，我考上省揚中時，典當了家裡一箱冬衣，才勉強為我繳了學費：一年過去了，能繼續供應我到什麼時候，實在毫無把握。我知道母親一定會設法供我讀書，而我自己，已有前途茫茫的預感。我身為長子，既想減輕家中的負擔，又想自力更生，希望能找出一條新的生存之道來。

暑假尚未開始，街上已到處可見招兵廣告，其中，以第二期「青年軍」的廣告最誘人。廣告中不但強調抗日戰爭期間，「一寸山河一寸血，十萬青年十萬軍」的感人事蹟，激發了青少年投筆從戎的豪情壯志，而「當兵滿三年，可以退伍，保送青年中學，再直升大學，一切費用由國家負擔」，還供給服裝、食宿與零用金。加上「成績優異的，可以考公費，出洋留學」；條件太好了，引得我躍躍欲試。

我也曾經一個人，私下再三考慮：家鄉雖已收復，家被抄了，全家人早已成為驚弓之鳥，不知道未來還會有什麼變故，我們一時不敢也不可能回高郵定居；而這時田租收入毫無，父親杳無音訊，每學期的學費都張羅不易；加之，流亡以來生活極不安定，精神頻受干擾，讀書的成績，也不理想。總之，現實生活中，有一種說不出的無奈與無助之感，面對「青年軍」三個字的魅力，加上許多優厚條件，我已完全被吸引。何況，我從小就相當嚮往軍人生涯，除了與街坊的一群小朋友，以軍隊的各級軍官自居；兒時，就常做「雪地行軍」的幻想，特別是冬天下雪的日子，想像在一片白茫茫的天地中，一長列步行的士兵，慢慢地在潔白的雪地上，向前行進，畫出一個大大大大的弧，遠遠「望」去，是一幅多麼懾人的畫面！

現實的考慮，加上將來可以免費讀中學讀大學的遠景，停學當兵的心意，就慢慢堅定下來了。當時想也沒有想到，當兵就有可能上前綫打仗，就會有生命的危險；想到的只是咬緊牙根，當完三年兵，就可以免費升學。

投「考」青年軍，實際上並不需要考試。按規定年滿十八歲才可報名，而招兵辦事處的軍人，也不查身分證，核對年齡，只要你報名表上填的是十八歲，他們就接受。我報名時，實際年齡是十三歲零六個月，因為身材够高，他們似乎沒有看出來，我可能不足十八歲；體檢的時候，也只量身高體重，測試目力、聽力，看看有沒有色盲，很輕鬆地就通過了。我心中還暗暗高興；稍有經驗的人，一眼就可看出十三、四歲的少年，相貌是相當稚嫩的；

他們未加挑剔，不知是當兵久了，不大留心細節，或者因為招兵不易，肯來就收。我是很順利地初步通過了。

投考青年軍時，唯一使我感到困難的，是必須家長在申請表上「蓋章」，表示同意。我料定母親不會准我去當兵，一面瞞着她偷偷去報名，一面在家裡翻揀，找到了父親的幾顆圖章，選一顆字型比較明晰的，蓋在申請表上，一應手續便算完備了。

申請表經招兵站的軍人，大略地看了看，告訴我你已經錄取了。我心中暗喜，居然考上了，但是還不敢在臉上表現出來。他們又告訴我，定某月某日上午十點，向招兵辦事處報到，赴外地集訓。

終於挨到了向招兵站報到的日子，學校也剛剛開始放暑假。記得那天早上九點多鐘，我對母親說，我想參加青年軍。母親聽了以後，先是一楞，接着問我，省揚中讀得不是很好嗎？為什麼要去當兵？我一時也想不起其他理由，就說當兵三年以後，可以免費讀中學大學，還有機會出洋留學，今天就要去報到了。母親發覺我不是說着玩的，驚訝異常，一面斬釘截鐵地說不許去，一面順手把我往房裡一推，立刻把兩扇房門拉起來，在門外閂上，以為就可以把我關住，走不掉了。

被母親推進房門之前，已預感到，母親可能會把我關在房裡，我也看準了可以從窗户爬出去。一下子突然被母親推進房去，門又在外面被反鎖以後，起初以為真的走不成了，但是一轉身，看見窗户半開着，我怕遲了真的走不了，毫不猶豫地，推開窗子，踏着椅子，從齊胸的窗口爬了出去，急急忙忙走向招兵站報到，當兵去了。

事過五十餘年，直到九零年代末期，我開始執筆，追溯這段住事時，回想母親以一個婦道人家，面臨丈夫蒙受的冤案，尚無洗雪的希望，人則不知去向，生活來源，又異常拮据，而身邊最大的兒子，說走就走，連從長計議的機會都沒有，遭逢這樣的「意外」，是怎樣煎熬過來的？後來，我一直沒有和母親詳談過，好像提都沒有提過。

每當想到，母親當年所受到的震撼與挫抑，心潮總是久久不能平復，我欠母親的，真是太多太多了。在母親獨力支撐一個家庭的時侯，我，身為長子，不但不能為她分憂解勞，或至少留在她身邊，作一個精神上的支柱；沒有，什麼都沒有，一走了之，而且不知去向。對一個丈夫不在身邊的婦人來說，未免太忍心了；中國人常說，養兒才知報娘恩。我為人父已十八年，雖然不像母親當年，日夜為全家的生計操心，已然可以體會為人父母的辛酸；可是，我衝動地離家去當兵時，已經是快滿十四歲的年紀，為什麼不曾想到這些呢！？

每當追憶母親承受的重擔，想懺悔，想陪罪，再也不可能了：想到這裡，心如刀絞，雙眼漸漸模糊，真希望母親在天上，能夠原宥我少年時代的叛逆與魯莽；如果有緣能重為母子，我一定不再使母親難過了。

向招兵站報到以後，等錄取的新兵都到齊了，大家就簡單地排了隊，於中午左右，隨帶隊的軍士，走到公路汽車站，免費搭車，一直坐到長江北岸下車，再免費乘渡江的輪船到鎮江，大約下午天黑以前，再從鎮江，免費搭上一列沒有窗户沒有椅或櫈的貨車，一個個坐在地板上，車門關上以後，幾乎伸手不見五指；好在是初夏，夜裡不冷，也不太熱。當時心裡想，人人都說當兵很苦，原來是這樣苦法，倒還不難忍受，感覺是十分新鮮。

乘輪渡過江時，我是第一次見到長江；在鎮江搭火車，也是生平第一次，心中充滿了好奇，外表裝得若無其事，其實我是無處不留神，全心全意觀察、吸收，時時學，處處學，外面的新鮮事物，真是太多太多了。

第二天凌晨抵達上海，整個的城市，就好像剛剛醒來似的；大都市的早晨，又是一番清新景象。街上的行人，慢慢多起來了，市聲也漸漸嘈雜了；我們在北火車站外面，稍稍休息，便由軍用大卡車，載到江灣西營房。我們一群人，被編入青年軍二○二師第二旅第六團第一營第二連，現在還記得師長是顧蓉君，團長是樂在中，連長是帥桓。

西營房是日本陸軍留下的木造營房，以連為單位，一連一横條，營房的兩端和中段，共有四個門；兩端的門，以一條窄長的走道貫通，走道的兩旁，是士兵的通鋪，分上下兩層，睡覺時通常是頭靠牆，脚向走道，大概是考慮到緊急下床時比較方便；牆上裝着可以推動的垂直形木板「窗户」，沒有玻璃，大體上可以遮光，但風仍可從縫隙間吹進來。中段與走道相交的四角，各有一個小房間，供連長、四位排長、特務長與文書上士住宿，兼為辦公之用，位居營房中段的十字路口，牆上設有佈告欄、壁報等，又稱中山室。

像這樣一連一座的營房，一團三個營共九個連，外加每營一個重兵器連，前後十二座營房成為一個縱列，三個縱列共有三十六座營房，可以駐一個旅的兵力；整個西營房，好像可以駐上萬人。在前後兩座營房的中間，有一片比營房略寬的空地，是各連集合排隊的地方，早晚點名、三餐也都在這裡。

入伍的第一天，編班，指定鋪位，發軍服、背包、棉被、大盤帽與盥洗用具；還不發槍，心中有點不像「真當兵」的滋味。晚上，晚餐過後不久，值星班長哨子一吹，接着大叫一聲：「晚點！」許多人匆匆忙忙地，拿了才洗淨的碗筷出去排隊，我也跟着，拿了碗筷向外衝，但心中有些狐疑，才吃過晚飯不久，怎麼又要吃點心；幻想還沒有理出頭緒，又聽到值星班長大吼：「把碗筷送回去，出來排隊。」一面又自言自語地說：「這些老百姓。」原來晚點不是吃晚上的點心，是晚上的點名。

點名是早晚各有一次，通常早點時，除了由各班班長清查人數，連長、值星官（排長）或值星班長，同時宣佈當日的操課、任務或公差等事；晚點除了檢討一天的活動，有時還預報第二天的有關事項。把晚點名當成吃晚上的點心，是入伍當兵以後，鬧的第一個集體笑話；同時也知道，在軍中被稱為老百姓，是不太光彩的事，那表示作為一個軍人，你還不太合「格」。後來，同學（我們都以「同學」互相稱呼）之間，遇到有人不合規定，例如忘了領口的風紀扣，或是皮帶環擦得不够亮，或是布綁腿已垮垮地鬆垂下來，本人還沒有發覺，就常用「老百姓」或「活老百姓」來互相調侃，覺得很够味；隨着當兵的日子久了，這「老百姓」的三字經，也就漸少聽到了。

我們投考青年軍，號稱知識青年從軍，我們不是從二等兵幹起，一開始就是「上等兵」的階級和薪餉；也許是為了提高士氣，我們被稱為「青年兵」，並且印在胸前配帶的符號上，我們覺得相當受用；而連上的各位長官，聊天時，也曾提到青年軍的戰士，因為都是中學以上的程度，政府也有計劃，將來要一步步加以提升，擴充編制時，才有足够的幹部；這個說法，暗示我們有可以預見的遠景，因而人人都滿懷自信，士氣也就自然高昂起來了。

入伍訓練開始的一天，全團集合，團長樂在中上校，高壯挺拔，頗有少壯軍人的氣概，他穿着合身的黃卡其布青年裝，短髮，戴船形帽；訓話時，習慣用左手扶着閃爍金光的帆布腰帶上的銅片環，右手不時揮舞一下，加强語氣；訓話的內容，早已毫無記憶，由於是生平第一次，與一位中級軍官如此接近地面對，「軍人」的英挺形象，至今猶歷歷在目。

入伍訓練，分課堂與操場兩大部份，課堂上的主要教材是〈步兵操典〉，除了相關的基本法令，講步哨與斥候、散兵戰鬪、班攻防、排攻防，還教唱軍歌。

由於訓練時正是夏天，亞熱帶的氣候，相當炎熱，通常是上午出操，中飯後午睡一小時，下午上課；也有上午上課下午出操的，逢到下雨天，就只上課不出操。

剛開始的第一、二天午睡時，連長不放心，沿着鋪位走過來，一個個看，並且要我們用毯子蓋在腹部，以免受涼。看他像家長這樣照應我們，心中浮起一陣温暖。

出操是從基本教練做起的，先教立正、稍息、敬禮，再左轉、右轉、後轉，再排隊、看齊。光是立正、稍息，就教了好幾天，要抬頭挺胸，雙目向前平視，嘴唇微閉，下顎微向後收，雙肩自然下垂，五指併攏，中指分貼左右褲縫，兩腿伸直，膝蓋靠攏，兩脚跟併齊，足尖分開約九十度……，教練班長大多是第一期的老大哥，在烈日之下，一個接一個，改正我們的姿勢和動作。我們聚精滙神地，排隊站立在太陽底下，被乾土地上反射的強光，把眼睛刺得瞇了起來，胸前背後，在熱騰騰的高溫中，一條一條又一條温泉似的小溪，自上蜿蜒而下，熱得使人發昏，也許是太緊張了，並不曾有人真的昏過去。

「稍息」並非休息，是變換姿勢，但心理上比「立正」要鬆弛些；但是，班長一個口令：「立正，向右看 — 齊！」大家不是忘記立正的要領，就是全班的前胸，不能成一直綫；班長就前面走過來，後面走過去，把這個向前拉一點，把那個向後推一點，好像永遠無法使他滿意，大家更加緊張，汗也就流得更多了。

到了「踢正步」的時候，「老百姓」就更出洋相了；不是腿抬得不够高，腳掌落地不踏實，就是左右兩臂，前後擺動的幅度不整齊，有高有低；說來說去，一個「練」字訣。

隊形變換時，有人分不清或聽不明左右，一班人横排前進時，班長叫一聲「向右轉 — 走！」全班人常一分為二，一半向左走，一半向右走。也曾有隊伍中相鄰的兩名列兵，在向左轉走或向右轉走的口令下，一轉身，面對面，無法走動，笑話百出；因為入伍以前的平民生活，愛向東向東，愛向西向西，從來沒有一個口令一個動作的習慣，走路也不必考慮要向左或是向右，出操時出現各種洋相，就不足為奇了。

徒手基本教練告一段落，接下來是持槍基本教練。首先，聽說要發槍了，人人興奮得不得了。槍是日本三八式改造的七九步槍，比中正式七九步槍短些，重量也輕些。公差把槍運回連上以後，一人發一枝。槍是用防銹的重油內外塗滿的，用滾燙的鹹水就洗了一個下午。槍的內外，都必須一塵不染，而槍膛內的擦拭，是用通條的一端，穿進一小片布，從槍膛伸進槍管去擦，不可由槍口伸入擦拭，據說是怕槍口被磨寬了，會影響射擊的準確。槍管擦乾淨以後，還必須擦薄薄的一層油，但又不可太多。檢查時，連長或值星官，戴了白手套，用小姆指，由槍膛伸進槍管去探一探，如發現油漬或污垢，就不合格，必須重擦，再作檢查。

發了槍以後，週日的上午，例行的內務檢查先來，棉被要叠得方方的，有稜有角，要像刀切的豆腐一樣端正，不合格的，要把棉被搬到大太陽下去加工，到叠好為止，過關還不難；最頭大的是驗槍，很少一次過關的，也有人因槍不乾淨，一擦再擦，躭誤了放假。常聽人說，槍是軍人的第二生命，因為在戰場上，槍是克敵自保的憑藉，平時保養不好，不能維持在最佳狀態，戰時，一旦與敵人面對面，不能發揮最高效能，後果就不堪設想了。

好不容易等到發子彈的那天下午，天黑以前，連長要全連四個排，帶槍排成U字形，每人配發了五十發子彈，然後親自講解，並示範裝子彈的方法；在讓大家練習試裝子彈前，用極嚴峻的口氣慢慢地說：「絕對不許走火。」果然沒有人發生任何意外。很多年以後回想起來，連長在事前先下達嚴格的命令，是防患於未然的極有效措施。

槍是沉重的，子彈也是沉重的，一槍在手，不但有真的成為「戰士」的滿足感，也使人覺得，人生好像進入一個新的境界：到第二天帶槍出操時，才開始知道，徒手基本教練，是多麼輕鬆了。

除了持槍、背槍、槍上肩等基本動作，射擊預習是主要課目之一，其中立姿有依托，將槍身從背後，架在隣兵的肩上，根據要領，從展望孔，透視槍口的準心尖，對準目標，難度不大；跪姿、坐姿與臥姿，可以將托住槍身的左肘，架在左膝蓋上或地上，難度也不算大；最要人命的，是立姿無依托，我們必須用自己懸空的左臂，托住全槍的重量，再依照要領，準確做出射擊的姿勢。抵住右肩的槍托是木造的，重量有限，而全槍的重量，大部分在近槍口的前半段，槍管、槍鏜、槍機，外加一根擦槍用的通條，都是鐵鋳的；因此，左臂托起的，幾乎是全槍的重量。對我來說，槍身實在太重了，雖然可以將槍背帶，繞在左臂上，加强附着力，握槍把的右手，則拼命把槍托向胸前拉；雖然如此，還是受不了，不要半分鐘，累得我心都要從喉嚨裡跳出來。

當我們聽到口令：「舉槍、瞄準！」苦難才剛剛開始。班長從排頭起，一個一個糾正姿勢，不是頭的位置不對，就是槍托未能切實抵緊胸部，或者身體未按操典規定，向右前方傾十五度，或者是槍口下垂——天曉得是地心引力把槍口吸下去的。

我的力氣太小，而槍重千斤，累得我弓着腰，挺着小腹，才使槍口不至於接觸到地面。別人的感受如何，我不知道，我自己則不停地暗叫「吃不消」，但又不敢出聲；每天挨呀挨的，終於在萬難之中挨過來了。

操課在炎熱的氣溫下進行，直到星期天上午，擦好槍，等內務與武器都檢查通過以後，才開始放假。我們就拿着勞軍的電影票，走到江灣車站，搭淞滬鐵路的小火車，到閘北的天通庵站下車，進入市區，逛街或看電影。像四大公司、城隍廟、大世界、兆豐花園、龍華、外灘公園、南京路等，都常有我們的足跡。印象較深的是滬西的跑馬廳和高達廿四層樓的國際飯店，電影院則以南京路上的大光明最出色。

當年在上海，穿着一身軍服，乘火車、汽車都免費，是軍人的特權。

有一次在虹口游泳池外面，看到露天的池中，許多人在玩水，我們很好奇，也想不買票進去看看，守門的人說，不買票不能進去，我們要強進，他說這個旋轉的鐵欄，轉一次表示進一人，你們不買票，我們不好向老闆交代；我們說，你不必交代，然後就從旋轉的柵門上面，翻了進去。其實我們並未準備游泳，只在泳池邊走了一圈，東看看，西看看，就走出來了。那個時代，連號稱中學程度的青年軍士兵，都如此橫行，其他百萬計的大兵，表現如何，而人民的感受又如何，就不難想像了。

同時在揚州投考的新兵，人數不少，其中只有揚州本地人姚煥，比我大七、八歲，編在同一班，又是隣兵，接觸較多，也比較談得來；其他有許多年紀更大的，交往就比較少了。

我投筆從軍時，是不顧母親的反對毅然離家的，入伍以後，立刻寫信向母親報告軍中的生活與受訓的情形，還附寄了一張初穿軍服的照片(見本書封面圖)，讓母親知道我一切無恙，請她放心。後來，夏大哥聽說我當兵去了，曾問是不是當勤務兵[1]，知道我當的是戰士，說：「有種！」

---

1 勤務兵是軍中專為部隊長或其他軍官個人服務的兵員，基本上不負戰鬥任務。

五、槍擊飛行員

三個月入伍訓練期滿，一天晚點名時，連長宣佈，明天拔營外調駐防，防地在上海江灣機場，擔任機場警衛。過去我亦曾幻想，訓練完畢可能會開往前線作戰；總之，調防是命令，不管好壞，只有隨隊行動，私下也暗自慶幸，至少目前，還不會面臨你生我死的廝殺。

在機場擔任警衛，我排駐守較近市區的機場正門，距離飛機起降的跑道還遠得很，連飛機都看不到。平時的訓練課程，除了一星期兩三次的講習，操練幾乎都停止了，我的主要任務是一天二十四小時之內，擔任每班兩小時的衛兵勤務兩次或三次，偶而出一次公差，做一點體力的工作，如清潔環境或運送補給品之類。

衛兵勤務就是人們常說的站崗，右手持步槍，槍托着地，左手放在背後，以稍息的姿勢，與另一名衛兵，在機場大門口，面對面地站着執勤，進出的人、車不多時，可以隨意走動一下，也可以聊聊天；入夜以後天明以前的衛兵，則用右手把槍托在右腰側，或是以雙手端槍橫在身前或指向前方，以防不時出現情況；比起在西營房的整日操課，輕鬆得太多了。

操課少了，但不可任意離開防地，日常却增加了不少談天的機會，偶而會談到東北或華北零星的戰訊，因為距離我們實在太遙遠了，因而並不特別關心，比較關心的是自己的前途，這時，似乎也不太在意服役三年後可以退伍，入青年中學繼續讀書的事；身上穿的是軍服，一時還脫不下來，作為一個現役軍人，自然向軍人的路子上想。

最令我們嚮往而又有點擔憂的是，臺灣鳳山的第四軍官訓練班，由孫立人將軍主持，訓練極端嚴格，每天清晨，要赤膊穿短褲跑五千公尺，在南臺灣的驕陽之下，人人都曬成了古銅色的皮膚。我們是人人都想去，都在等待招考或遴選的機會，都不好意思明白地表示出來，又怕自己到時候吃不消怎麼辦？我自己的心裡，就常常有這兩種互相矛盾的思慮在交戰，想去，又有點怕。

晚點名以前，在空地上等侯時，大家你一聲我一聲地練習呼口令，這情況有點像京劇演員的「吊嗓」，一個個就「立正」、「稍息」、「向右看——齊」等……，此起彼落地在大聲呼叫。因為從一開始，我們就被告知，青年軍的水準，比一般部隊高，將來國家擴軍，青年軍的士兵，都會提升為幹部。我們的班長，幾乎都是一期學長升上來的。而作為一個幹部，「口令」是部隊指揮調度時，唯一且必須的工具，「口令」的聲調，不但要讓所有被指揮的部隊人員聽到，而且要雄渾有力，尾音該頓就頓，該長就長，中氣十足，傳得遠，才算理想。剛開始練口令，還有點不大自在，呼叫了幾次以後，就習慣了，生活中多了一個項目，也算是一種象徵式的縹緲的寄託。

一九四七年的上海，離戰場還十分遙遠，市民的生活，從士兵的眼中，還看不出因內戰而帶來的影響；至少，當兵的衣食住不愁、薪餉固定，雖然數目少些，好的是一人吃飽全家不餓，但不敢有任何的非分之想，也可以說是在混混噩噩地過日子；當兵算是個職業，也有當了一輩子的老兵。俗話說：好男不當兵，好鐵不打釘；只有在社會上無法立足，或者生活無着、無路可走的人，才去當兵，用賣命的手段，混一口飯吃。而我們當兵時，先前則有三年後退伍，可以繼續升學的遠景，擔任機場警衛以後，又盼望遲早有一天，可以去臺灣第四軍官訓練班深造，並沒有「當一輩子兵」的打算或顧慮，所以日子還不太難過。

江灣機場的附近，有一個叫做新上海的地方，距離我們的營房，步行只要十來分鐘，是都市計劃中上海市新的市中心，這地方有個很大的五角形的廣場，因此又稱為五角場，有幾條馬路從這裡輻射出去；由於五角場的附近不是住宅區，市營的公共汽車，經過這裡的，只有一條路綫，班次也不多。五角場的西南方邊上，有一個空軍的單位，從旗桿上懸掛的軍旗、牆上的軍徽，以及進進出出的軍車和人員制服的顏色，一眼就可以看得出來；但這裡是不是空軍駐在上海的總部，則不能確定。

全國陸海空三軍中，陸軍的人數最多，主要的活動範圍在地面，算是會走的；海軍的人數較少，駕駛各種艦艇，是在水上游的；空軍的人數最少，遴選與訓練的過程都比較嚴格，還有各種飛機，在天上飛來飛去；因而一般人對他們都有點「仰視」，他們自己，特別是會在空中翱翔的飛行員，便常有「高」人一等的傲氣。

空軍是當時最時髦的軍種，不但有各型飛機，車輛也較多，接送空軍人員的大型交通車上，掛著「八一四」的牌子，作為對內的交通工具；若干路綫出入市區，與部分市公共汽車路綫重疊，「八一四」在搭乘的空軍人員不多時，也接受一般市民搭乘，「買票」就可乘車，後來演變成上海市營公共汽車以外的「公共汽車」，半公半私地營業。

東北、華北的戰事連年不停，前後方部隊換防、調動、兵源的補充，軍械、彈药、軍糧、被服等的運送，都以海運方便的上海為調度中心，江灣附近有大片大片的營房，駐軍特多，各路人馬都有，每逢星期日，無數的軍人，手持各娛樂場所的招待券（電影票或戲票為主），成群地聚集在五角大廣場內，等侯搭乘公共汽車，進入市內看戲。市公共汽車有固定的班次，軍人只要穿著制服，就可免票搭乘；五角場內，每到星期日上午，總是一片草黃色的海洋，萬頭鑽動，差不多都是陸軍軍人，源源不絕的人潮，很久很久都疏散不了；也常有候車的軍人，爭先恐後地搶搭公車，使場內秩序大亂，引起不少糾紛，當局就命令駐地最近五角場的我連，星期日上午派兵一名，在五角場站崗，維持秩序。

奉命派出一名衛兵去五角場不久（在這以前不知是否曾派人去過），一個星期日的上午九點鐘左右，值星官通知我班派一人去五角場站崗，班上的公差正好輪到我，班長只簡單地交代我到五角場去，沒有確切地說明崗哨的位置在哪裡？做什麼事？發生情況如何處理？同誰聯絡？向誰報告？……，就這樣在大家都「大而化之」或「漫不經心」的模糊情況下，我，一個十三歲出頭，當兵三個多月，才受完入伍訓練的「娃娃兵」，腰間繫上一個子彈盒，背了一枝步槍，戴著布製軍帽，單獨一個人去「出任務」了。

五角場是一個圓環式的廣場，沒有設崗亭，我不知這個崗應當「站」在哪裡？槍背在身上，不像是擔任「勤務」，所以，我就用雙手握着槍，橫在身前，不停地變換站立的位置，在場內的人群中，左顧右盼；但見場上到處都是人，前後左右都是，大概是同一單位的熟人，就很自然地聚集在一起；廣場邊上雖有車站，但站牌並不醒目，而且很久才有一班公車經過，不是已經滿載，就是勉強停下來，硬擠幾個人進去，再蹣蹣跚跚地開走；而時間愈接近中午，匯集的人愈多，人人都焦急地盼望車子快來，好趕上市內影劇的開演時間；連我這個不去看戲的人，都為他們着急。隱隱約約地，我似乎自覺有一個責任：我是來維持秩序的，也應該設法將這一大群一大群等車的軍人送走，不然秩序怎麼維持呢！我受到這個責任感的驅使，又不知如何措手，不知不覺地開始有點煩躁起來。

五角場上，人愈聚愈多，聲音嘲雜，市公共汽車很久才來上一班，能搭車離去的人極為有限；而空軍的「八一四」交通車，不久一班，不久又是一班；如果站上有穿空軍制服的人在等車，它才停下來載客，否則，接近車站時車速慢了下來，一看站上沒有自己人，呼的一聲，揚長而去。我看在眼裡，心中在想：你是軍車，既賣票做生意，就應當像市公共汽車，讓可以免費乘車的軍人搭乘；雖然不必為疏散人潮派加班車，順便載走一些候車的「軍人」，不算過分吧！何況你還是友軍的軍車呢！即使沒有軍人可以免費乘車的規定，站在同是國家軍人的立場，你們也應該載走一些候車的軍人吧！我把這個淺顯不過的問題，不斷反復地自問着，就是不知怎麼辦才好。

正當我百思不得其解的時候，看到又有「八一四」的車子來了，我左手端槍，舉右手把車子攔了下來，在車旁要求他們載一些人走，他們理都不理，呼的一聲，車子就開走了；這樣連續攔了兩三部「八一四」的車子，眼看他們沒有載走一個人，心中有點未能「達成任務」的沉重感。

我正在為如何疏散源源而來的人潮，毫無辦法可想的時候，遠遠看見連上一位有「老兵油子」味道的班長，在其他幾個人的伴隨下，走向五角場來。看到他們，我好像可以訴苦一番似的，很自然地迎了上去。這位班長問我情況怎麼樣呀？我說，你看這裡這麼多人，都等車子進城，公共汽車少得不得了，人愈積愈多，人太多了，恐怕會出問題；空軍「八一四」的車子倒很多，有時車子很空，也不肯載一個人走，真是沒有道理，你說怎麼辦呢？這位班長，把頭一揚，隨口說，他們不肯停車載人，你就開槍呀。說完，一伙人就走了。

等他們在人叢中消失不見了，我就拿出一排五發子彈，熟練地裝進槍身，但沒有上膛。就這樣，在大太陽底下，端着槍，悠悠地晃來晃去。不知過了多久，又是一輛「八一四」，遠遠地開過來了。從車窗透空看過去，車內只坐了一些人，顯然空得很。車子快要駛近時，我擋在車前，用左手攔下車子，再走到車子前右側近門的地方；見到一人伏在門邊的窗口，問我要幹什麼？我說這裡候車的軍人太多了，都在等車子進城，你們的車子很空，應該順便載一些人呀！我的話剛說完，只見那人轉過頭去對司機大聲說：「不理他！開車。」他一邊說，一邊伸出手來，在我頭頂上用力拍了一下，隨即轉過身去，背靠車窗坐下了。我戴的是頂上只有兩層布的大盤帽，他用力拍我的頭，我並不覺得有多痛，可是剎那之間，我一方面感到他們既然賣票，卻不像市營公車，讓一般軍人免費搭乘，何況大家都是國家的軍人，而車輛是國家的，他們這樣未免太自私又欺人太甚；加上在眾多軍人面前，這一拍，使我的自尊心受到極大的屈辱。這幾個念頭，同時從我的腦海中閃過，來不及考慮，右手一拉槍機，推子彈上膛，在車子的右後方，平端着槍，對着已經前駛的軍車，不加思索地，一扣板機，「轟」的一聲，子彈射了出去。

軍車立即停了下來，並且有人高聲大叫：「傷人了！傷人了！」車子退到我前面，下來幾個人；這時，我已呆若木鷄，一個人奪下我手中的槍，兩個人把我架上車子；我看到一個穿軍便服的空軍軍官，跪坐在一灘鮮紅的血上，從他的位置靠近車門判斷，他極有可能就是伸手拍我頭頂的人，但慌亂中未曾看清傷在何處。後來好像聽說，被我打傷的，是飛行員陳明德或陳德明，一顆子彈從左腿進去，貫穿了兩條腿；所幸當時車上載人不多，否則，中槍的可能不止他一個。

六十多年以後的今天，回想起來，當年被我一怒之下，盲目開槍擊中的飛將軍，他應當非常清晰地了解，如果不是他盛氣凌人地當眾在我頭頂猛拍一掌，我是絕不可能胡亂開槍的；事後，他若能冷靜地自我檢討一番，應當追悔一拍掌成百年恨了。

我開槍時，只是朝左前方行駛中的交通車扣板機，不但未曾瞄準，連目標都沒有。我沒有透視眼，也不是神槍手，居然射中了他；多年來常暗自反覆思量，很有可能，是他上一輩子，欠我一槍，否則，我下一輩子，總得還他一槍。

軍車一轉彎，開進了場邊的空軍司令部，我被拖下車來，幾個人把我一頓猛揍，又找來一名軍醫，為我體檢，用聽筒聽過我的胸部以後，說我有輕微心臟病；許多年後回想，我闖了大禍，心神不寧，又被狠打，一時間心跳可能不甚規律，竟被誤判成心臟病。

體檢完畢，軍法官也到了，問了我的姓名籍貫及部隊番號，又問我今年幾歲，我說十五歲，他不滿意，再問我的出生日期，我說民國廿二年八月十九日。問完，立即把我收押了起來，關進一個純木製造的禁閉「室」，一看就想到是日本人留下來的，一排有好幾個，長方形的原木盒子，未刷油漆，板壁有四、五寸厚，人必須從一端爬進去，裡面亮着一個電燈泡；木盒子就像一口棺材，但四面等高，只能坐着或躺着，無法站立；我孤零零地坐在裡面，對外完全隔絕，看不到外面，也聽不見聲音。我想，這樣一直關下去，怎麼受得了啊？心裡充滿了無助、恐懼與絕望，但沒有流淚。

後來，一九四九年春天，父親帶着二弟三弟，乘上海最後開出的輪船抵達臺灣，在臺南遇到我的堂叔曹象先先生，談起一九四七年槍擊飛行員事件，當時他正在上海，任空軍軍法官，大家知道開槍的青年軍，還不滿十四歲，都很洩氣，因為依法未成年人不罰，空軍飛行員被人開槍打傷，無法討回公道。

我在木牢裡，不知被關了多久，牢門終於開了，被叫了出去，頗有重見天日之感。一見日影，知道已是下午。我被押上一輛小吉普車，左右各坐一人，一手扭着我胳膊，一手握槍，把我送進淞滬警備司令部軍法局看守所，成了一名待審的囚徒。

看守所在警備司令部內，共有五、六個大房間，圍成一個方形，中間是天井，只有一個大門，是對外的唯一通道；房間正面都是敞開的，站在天井中，就可以看清各房活動的情形。

看守所內沒有床鋪，嫌犯都睡在地上，每個房間內，有各人固定的位置，除了一日三餐，大家無事可做，就天南地北的閑聊。由於這一群「好漢」，出身不同，軍種互異，際遇懸殊，有人走偏大江南北，有人幾次上火綫出生入死，被押進看守所的原因，也各有千秋；其中不乏鷄鳴狗盜之徒，從他們似真似幻的自鳴自放中，可以「聽」到許多許多平民百姓做夢都夢不到的奇談怪事。如果慕而倣之，什麼怪招都學得到，難怪曾有人說，小偷坐過一次監，出來就成了大盜，應非無稽之談。

我進看守所以後，大家知道我是青年軍，年紀又小，對我還算照應；同時，連上知道我關在警備司令部，差不多每隔幾天，就派同學來探望我，也把我的家信帶來，從那時起，我的信直接寄回家，家裡來信像往常一樣寄到連上，同學來看我，再把信帶來，這樣一直瞞着家裡，瞞了很久很久很久。

據同學告訴我，隨口要我開槍的那個老兵油子，出事那天他回到連上以前，連長已經知道是他叫我開槍的，當晚命令全連集合，把他按在地上，抽了三十扁擔，打得皮破肉綻；聽說那以後，每隔十天半月，等他的棒傷養好了，拖出來再抽一頓，不知前前後後抽了多少次。

看守所中的難友甚多，不時有人進出，新進的人，等候審訊；有宣判無罪或判刑定讞的，則由卡車把他們載走。留在所中的人，都是待罪之身，大家萍水相逢，亦都能和平相處。

難友中有一人，中等身材，穿着西服（當然沒繫領帶），名鄧澤龍，自稱陸軍少將，因在舞廳鬧事，被關了進來，比我先到。此人面目清俊，有洋場闊少的格調，帶書卷氣；知道我是青年軍中的「少年兵」，了解我的案情，只是開槍傷人，安慰我說應當不會重判，使我寬心不少。平日閑談中，對我勉勵有加，曾經找來毛筆與白紙，寫了一段出處不明的箴言，贈我留念，歷時五十餘年，如今尚大體記得：「人有三等，下焉者依人，中則自立，上乃濟世；中人以下，無論矣！上之下者，惠及隣里鄉黨，上之中者，功在社會國家，上之上者，澤被天下後世；汝其依人乎！自立乎！抑珍（音）自牧（音）為中人以上乎！」年代太久了，末句有兩個字，只約略記得讀音，字怎麼寫，實在想不起來，姑且以兩個讀音相近的字代替。句子的原意在問，你是不是要自策自勵做一個上等人呢？

淞滬警備司令部，是上海與吳淞地區最高軍事機關，所有軍人涉案，都由其屬下的軍法局審判，罪刑判定後，由號稱遠東最大的提籃橋監獄執行。

我在警備司令部軍法局看守所被關了兩三個星期，始終未曾審訊，一天早晨，接送犯人的囚車，倒退進入看守所的大門，後車門打開，見一人手拿名冊點名，點到名的，立即拿着自己的用品上車，上車時，點名的人同時宣佈審判結果，例如；張某某，有期徒刑五年；李某某，無罪。驀然間，竟意外地聽到我的名字，我連與難友道別的機會都沒有，拿了自己的東西就上車，聽見點名的人說：「感化教育三年。」

囚車開出看守所，發現車窗沒有玻璃，只是手掌大的幾個洞，還裝着鐵欄，從洞中望出去，知道車子還在市區之內，繞行了一陣子，車子開向一個很大的鐵門，開進去鐵門就關上了。

人犯點交清楚以後，我才知道，新家是上海提籃橋監獄。

六、名監過客

我被送進〈提籃橋監獄〉時，監獄成立已久，是中國現代監獄的起源和代表；位在原上海公共租界華德路一一七號（今長陽路一四七號），據說比印度孟買大監獄和日本巢鴨監獄還要大，可同時關押七千五百三十六人，號稱「遠東第一大監獄」；而其前身，可溯至一八五六年英國在上海外灘建立的「領事署監獄」與「廈門路監獄」，其歷史已近一百年。

提籃橋監獄有五層樓監房九幢，各以忠、孝、仁、愛、信、義、和、平等字命名；另有四層樓和六層樓監房各一幢，共有三千多間監房，有二人一間的，也有一人一間的。

判刑確定的犯人押到，點交給監獄，犯人將所有個人衣物，特別是可能用來自尋短見的腰帶、鞋帶等物，都必須立即交獄方保管；每人各給一個號碼，領一套藍白二色粗條子的囚服；以後所有點名、上工等活動，只叫號碼，不用名字。

時過六十餘年，現在已不記得是被關在哪一幢的第幾層第幾號監房了。我當年住的是單人監房，面積比單人床長一半寬一倍，三面都是暗色的水泥牆壁，只有面對中央天井的一面，從上到下都是粗粗的鐵欄，欄上有門，門旁有一個送飯的小洞；房內除了一個可冲水的鐵製的便器，其他什麼也沒有，人只能睡在地上。門外有窄窄的一圈走道，監獄人員只要沿着走道走一圈，各個監房就都巡查到了。大樓內有電梯，那是專供獄方人員乘用的，犯人上下則必須爬樓梯。

我住的這一幢，關的大概是都輕罪犯，沒有看到戴脚鐐或上手銬的。早晨鐘聲響了，大家就起床，同時有人挨間從門外把鐵門上的鎖打開，我們先在門口站好，聽到一聲口令，各人就拿着盥洗的用具，自動依次排隊，走到一個大空房裡，就着四周和中央的自來水臺邊，刷牙洗臉，然後排隊去餐廳用餐，三餐都是用粗劣的陳米煮的，早晨稀飯加一個小饅頭，一點醬菜，午、晚乾飯，很少有葷腥，大白菜為主，看樣子就像用菜市場揀來的殘菜煮的，量少而味鹹，勉強充饑而已。

早餐與午餐後，排隊去監獄內的工廠做工，糊火柴盒子；工廠就在摟下，不出大樓就可以走到了。在大隊人馬走到工廠之前，由資深犯人兼任的領班，已打好了一大木桶稀漿糊，糊盒子用的薄木片和兩種顏色的薄紙和招牌紙，則分別堆在長桌子上。我們一進工廠，依次從架子上拿一個小木桶和一把刷子，領了漿糊和糊盒子的材料，走到自己做工的木枱，就開始糊火柴盒子了。

這種盒子的體積，相當於一包香烟的一半而略小，像小抽屜一樣，可以從兩頭抽出來，取出一根軟木製的火柴，用火柴上附着一小團黑磷的一端，在盒子背脊的黑色砂紙上，可以擦出火來的傳统火柴，當年通稱「洋火」，市場上似乎已經絕跡很多年了。

我是生手，經鄰坐的同囚略加指點，試做幾個就學會了。我們做這種糊火柴盒子的工，是認件計酬的，例如做一百個盒子才一分錢，五分錢在街上才能買一盒火柴；即使扣除材料成本，這仍然是低得絕對不合市價的工資；可以想像得到的是，監獄轉賣出去，一定不是這個價錢。我們是階下囚，想不做都不行。

一個星期一次的沐浴，則是在另外一間大房子裡集體進行的。我們先在房外排成幾行，各人脫光衣服後，一個跟一個，走進一間大房子，順着牆邊站成一圈，洗澡時，吊在天花板上的一圈水管，像院子裡澆花的水管一樣，噴出微雨般的水來，可以淋濕身體，水温也不夠高，勉强可稱為「洗」澡。許多年後，在英、美拍攝的二次大戰影片中，看到納粹用瓦斯集體毒殺猶太人的場景，根我在提籃橋監獄淋浴的大房子，十分相像：暗暗的水泥牆，沒有窗户，屋頂當中垂下一個沒精打采的電燈泡；人們也都是脫光了衣服走進去的；所不同的，一個噴出來的是微雨，一個噴出來的是殺人的毒氣；都是從房子四周懸掛的管子向下噴，進屋之前，也都說是進去要洗澡的！現在，偶而回想起來，心裡還有些發毛。

監獄要我們糊火柴盒子，主要的是讓服刑人精神有寄託，也好打發時間，不只是用我們的廉價勞力牟利。盒子糊多少算多少，沒有工作的壓力，我常在工作中途，走到窗邊透透氣。

監獄裡的天花板相當高，水泥牆大約有兩尺厚，牆上的窗子，上下垂直，又窄又長，樹立着一根根粗粗的鐵欄；我在做工時，偶而偷空走近牆邊，站在窗內，透過鐵窗，遙望窗外的長空，想起最近幾個月內，遭逢有生以來的劇變與劫難：首先是從家裡逃出來當兵，使孤單的母親更感無助；好不容易在盛暑的酷日下，熬過了三個月的入伍訓練；僥倖未派赴前綫出生入死，在上海守衛江灣機場才不多久；因對方粗魯無禮，激怒我盲目開槍，打傷了極可能對我施暴的空軍飛行員；在凇滬警備總司令部軍法局的看守所，等侯審判，一等兩三個星期，一點消息都沒有，直到一天早晨，又有車子來接判刑確定的犯人，在呼叫犯人的名字時，突然叫到我的名字，來不及考慮，拿了隨身的東西上車，被押到提藍橋監獄來……，每當想到這裡，眼淚都不禁奪眶而下，但又不敢哭出聲來。就這樣每天一次或兩次對窗流淚，腦袋裡一片模糊地混日子。

這樣的監獄生涯，過了大約兩個星期，一天，我正在工廠裡做工，管理人員呼叫我的號碼，我走了過去，他要我不要做工了，拿了自己的東西隨他下樓，換穿了自己的衣服以後，他把我領到監獄的大門外，指了指停在門口的黑色大轎車，領我走了過去。

我走到轎車旁邊，他拉開右側後坐的門，要我坐進去。我進車以後，發現後座已坐着一位紳士，年紀大約五十來歲，戴黑色禮帽，深色西服，外著深色風衣，神態莊重而不嚴肅，他對我說，你不要害怕，我送你到另外一個地方去。此外沒有再說什麼。他說話略帶蘇北口音，使我覺得寬慰不少。我的監獄生涯，至此終於告一段落。

轎車在市區內轉了一陣子，慢慢開往市郊，最後，開進了有一長條圍牆的大門。這裡是上海市政府社會局轄下的一個機構：〈兒童教養所〉。我隨黑衣紳士走進二樓所長周祖望先生的辦公室，坐定以後，他們寒暄了一陣子，我聽到所長說，就把這個小朋友留在我這裡好了。很顯然的，我被送來的有關手續等細節，早已在往來的公文中商量妥當。

黑衣紳士走了，我的另一段人生旅程又開始了。

七、感化教育

我在上海提籃橋監獄被關了才十幾天，可能是因為我尚未成年，而被判的是感化教育，不是徒刑，不應該像成年的犯人一樣，在監獄服刑，就被送到上海市郊漕河涇簡稱〈兒童教養所〉或〈教養所〉的〈上海市立兒童教養所〉，接受所謂感化教育了。

兒童教養所，是上海市政府社會局管轄下的一個救濟機構，所中收容的，除了大部分是青少年與兒童，也收容不少成年人，負責所內洗衣煮飯清潔等勞務。

我和黑衣紳士坐的黑色大轎車開進教養所的大門以後，首先見到的是一個橫的長方形的大花園，正面是一排二層樓的房子，樓下當中，有一條直通後面房舍的甬道，甬道兩側，有樓梯可上二樓；甬道進入花園以後，繞成一個大圓環。

教養所的所長是周祖望先生，浙江諸暨人，額頭寬廣，身材高挑，說一口上海腔的普通話，聽說他曾去蘇聯留學。周所長的辦公室，連接着他的臥房，就在這排面對花園的樓上，佈置都相當樸素；他的臥房內可能沒有浴室，我曾見他站在大廚房的工作檯旁，用工人替他燒的熱水洗澡，也可見他”平民化”的一面。

我跟隨着送我來的黑衣紳士，上了二樓，進了所長辦公室，坐定以後，他們二人略事寒暄，又約略談到公文往返的情形，最後，周所長說，這位小朋友就留在我這裡好了。很多年以後回想，送我到兒童教養所的黑衣紳士，極有可能是當年提籃橋監獄的典獄長，可惜現在已無法知道他的大名。這些都是半個世紀前的往事了，偶而回想起來，黑衣紳士實在是我生命中的貴人。

教養所裡的青少年，大多是曾經流浪街頭的或是窮苦人家的孩子，還有極少數是外地逃難來上海的人家，為了減輕負担，託人把孩子介紹進來的；這些孩子，都還在就學年齡，所裡就設了學生班，初中小學都有，我讀過初一，被編入中學班就讀；因為這裡不是一般的學校，每個人除了隨班上課，還要學一種技能，以便將來出去謀生。

學生班的老師，記憶中印象較深的有兩位，一位是西蜀口音教社會科學的四川人，他自我介紹是上海復旦大學畢業，曾經講過一個有趣的故事：抗日戰爭初起時，許多下江人（長江中、下游的人）湧進四川，一天，一個滿臉風霜鬚髮皆長的人，走進了一家理髮店，頭髮剪短以後，理髮師傅隨口問了一聲:「鬍子養不養？」客人回答說:「不癢。」師傅一刀刮下一片鬍子後，發生了爭執；因為四川話養不養的意思是留不留，下江人以為他問的是癢不癢。另一位是教中文的老師，年紀較輕，有運動員寬肩厚背的體魄，但態度與談吐則極其溫和，令人有親切感，上課時除了用普通話講解，怕本地學生聽不懂，再用上海話扼要地講一遍；記得是那年（1947）冬季，有一天下課以後，我們陪他背靠牆坐在地上曬太陽，聽他談有趣的往事，他說他曾和世界知名的長跑名將樓文敖一同練跑，我坐在他的左側，他還曾捲起褲脚，展示他那精力飽滿的小腿，讓我們欣賞。事隔六十餘年，兩位老師的容貌神態，尚依稀記得，他們的大名却怎麼想都想不起來了。

所裡教習的技能甚多，例如：理髮、裁縫、修車、乾洗、簿記、管家、園藝、厨師、排字等，經過考慮以後，我選擇了電報收發。記得當年教收發電報的老師，是有濃濃浙東口音的中年人，從他追叙經驗的談話中，猜想他抗戰時曾在戰地保管並使用過收發報機。

學習收發電報，從敲「蜂鳴器」[1]、默記電報明碼的信號開始。蜂鳴器是因它發出嘀嘀吱吱的聲音像蜜蜂的叫聲而得名。電碼是以發聲的長短穿插排列，代表許多不同的信號，用以通訊。我們是初學者，學的是明碼，是美國人 Samuel Morse 於 1832 年開始創立的一套訊號，稱為”國際電碼”，各國通用。明碼訊號基本上分兩種，都由長音短音混合組成，一種是英文 26 個字母的代號，例如：“A”是一短音一長音，口頭上說就是：嘀打 ──（打的聲音較長），“B”是一長三短，說成：打 ── 嘀嘀嘀，“C”是一長一短一長一短，說成：打 ── 嘀打 ── 嘀等，最後一個字母“Z”，是兩長兩短，說成：打 ── 打 ── 嘀嘀。另一種是阿剌伯數字從零到九，每個數字都用五個音組成，例如：“0”是五長，說成：打 ── 打 ── 打 ── 打 ── 打 ──，“1”是一短四長，說成：嘀打 ── 打 ── 打 ── 打 ──，“2”是兩短三長，說成：嘀嘀打 ── 打 ── 打 ──，就這樣短音遞增長音遞減，到“5”時，剛好五個短音，從“6”開始，長音在前成為一長四短，如此增長減短，到“9”時就成了四長一短，說成：打 ── 打 ── 打 ── 打 ── 嘀；電碼用

---

[1] 蜂鳴器是一種電動發聲器，報務員或快或慢地按鍵，它就發出或短或長的吱吱聲。

三個標點符号：“句點”是一短一長一短一長一短一長，說成：嘀打 — 嘀打 — 嘀打 — ，“逗點”是两長兩短兩長，說成：打 — 打 — 嘀嘀打 — 打 — ，“問號”是兩短兩長兩短，說成：嘀嘀打 — 打——嘀嘀，很容易記。

中文電報，是用四個阿剌伯數字代表一個中國字，例如 1234 代表“今”，5678 代表“天”，如此排列組合以後，就成了一套中文的電碼，叫做明碼；為了秘密通訊，雙方可以約定，就每四個數字一組的明碼中，增加或減少哪幾個數字，別人即使錄下整篇的四字一組的明碼，如果不知道通訊雙方所約定的解碼方式，就無法知道通訊的內容。我曾見老師，拿起一篇長長的電碼，未經一字一字的翻電碼簿，就像唸文章一樣地唸出中文來，看得我們羨慕又欽佩。

電碼中，一個最快學會而又最有用的訊號，是緊急呼號“SOS”，口頭上說就是：嘀嘀嘀打 — 打 — 打 — 嘀嘀嘀。

許多年後，記得曾在報紙上，看過發生在歐洲或美國高速公路上的新聞，一輛急駛中的汽車的後座，一位可能被劫持或被綁架的女士，用口紅在車窗上，塗了“SOS”三個字母，被公路上的其他駕駛人見到，報了警，因而獲救。可見 SOS 三個字母所代表的意思，已經普遍流傳成為常識，更可見不起眼的常識，有時竟可能發揮意想不到的功效，實在不能輕視。

教養所的規模相當大，圍牆之內，是一個獨立的社區。所裡對成百的青少年，採軍隊式管理，也如同住校生，平時不經請假核准，是絕對不許外出的；為了管理方便，將所有的學生編組成一個大隊，相當於一個連，大隊下面是三、四個中隊，相當於三、四個排，每排下面各有三個小隊，相當於三個班。我報到以後，被編入一個小隊，我的個子比較高，站在排頭，被指定為小隊長，大隊長說，你們這一中隊，現在沒有中隊長，各小隊長要負責日常點名、收發衣物、檢查內務、派遣公差等工作。

生活上，小隊長和隊員屬同一階層，夜晚睡在臥室的地板上，模倣軍隊的紀律，一層層向上服從。中隊長和大隊長，有他們共用的專屬房間，睡的是帆布行軍床，成為高人一等的統治階級。他們在教養所中，都是比較資深的，為協助管理，享有較多的自由，對各個隊員有體罰的特權。偶而聽他們談起進所以前，在社會各個不同的陰暗角落的往事，增加不少見聞，也體會到他們有許多遠遠超出年齡的社會經驗，和他們一比，我自覺太不懂事太不知天高地厚了。

所裡絕大多數是上海人，和他們生活在一起，朝夕相處，我學會了上海話，還從無綫電的廣播節目中，學會一段紹興戲：〈淚灑相思地〉。

教養所是上海市政府編制內的救濟機構，同時也接納善心人士的捐助，這些人來所參觀時，一個必不可少的節目，是學生班的學生，穿着制服，以排縱隊的隊形，從後面的宿舍區，一隊接一隊，經由甬道，從前面的樓下跑出來，進入花園以後，繞著圓環跑一圈，再跑回後面去，訪客與所長，就在樓上檢閱，每個月大概都要這樣跑個一兩次。

學生都穿所裡發的粗布耐磨的青年裝，有三餐供應，理髮洗衣沐浴等，也有專人負責；為了增加學生的營養，晚上常派人去市內的各大飯店，用有半人高的鐵汽油桶，收集從餐桌上撤下來的殘羹剩肴，第二天温熱後分配給學生食用，有點像加菜；他們稱這些剩菜為” 小麥湯“。我曾經在”小麥湯”中發現牙籤、抽剩的雪茄烟等物，也算得人生難遇難求的經驗。

在教養所的那一個冬天，不知怎的，我患上了疥瘡，也許是同寢室大家互用棉被傳染的。疥瘡很癢，晚上蓋了棉被，體温升高，據說皮下寄生的疥蟲，就活躍起來了，癢得受不了就用力抓，皮會被抓破，流血、化膿、結痂，癢時再抓，痂被抓破，流膿，再結痂，這樣惡性循環，被折磨了一個冬天，春天來了，疥瘡也慢慢消失了；這是我平生唯一一次患這麼嚴重的皮膚病，因而記憶異常深刻。

同學中，有幾個是從江蘇鹽城逃難來的孩子，年齡與我相倣，家庭背景與程度也差不多，就比較接近，其中一人姓陳，因為說他祖父用一句古文”煥煥有文章”，為他取名陳煥章，因而記得他的名字，其他許多人的名字都已無法追憶。

學生隊設置幾個輔導員，在大門附近的傳達室旁，有他們專用的辦公室，以便從旁協助管理，學生要由他們核准（他們的說法是“擔保”），才可請假外出，因而頗有權威，直到與他們混熟了，相信你不會久假不歸，請假才比較方便。

我家裡來信，仍然寄到連上，每隔一段時間，同學就會帶我的家信來看我，我的回信，還是直接寄到家裡。進所不久，同學告訴我被開缺[2]了，連上也不再帶薪餉給我，好在我在所中，衣食不愁，對我的影響不大。連上的同學，是不定時來看我的，來時也無法事先通知，有時一月兩次，有時一月一次，有幾回我似乎有預感，今天可能有人來看我，下午果然聽到傳達室叫我會客，在教養所的大半年裡，這樣的預感，應驗了好幾次，奇妙得難以想像。

進入教養所兩三個月以後，一天，大家都在教室上課，或

---

[2] 公務或軍中人員，被解除職務，稱為開缺。

是在工廠學手藝，一個一中隊長把我叫到寢室，對我說，有名隊員家裡帶給他的許多錢不見了，是不是你拿的，他既不說是誰丟了錢，又不說丟了多少錢，當時迫於威權，加上幾個月來，經歷了一連串不祥的遭遇，我已被折磨成驚弓之鳥，不敢也想不到提出反問，只是很本分地回答他我沒有拿別人的錢；他又連續追問幾次，想脅迫我承認。我根本沒有拿別人的錢，如果我承認拿了，我哪裡拿得出錢來償還，當然拒絕承認拿別人的錢，他每問一次，我就拒絕一次，一連問了幾次，他問不出想要的回答，就發火了，拿起一塊長長厚厚專門用來體罰的板子，要我把手伸出來，手心向上，他就用力打我，左手打一陣，右手又打一陣，我從來沒有受過這種懲罰，無處申冤，而兩手痛徹心肺，眼淚鼻涕直流；雖然如此，我仍然不能不願也不敢承認，如果挨不住打而承認了，我哪裡還得出錢來；他看打不出結果，放一句狠話說，你不承認，以後再打，說完揚長而去。沒多久，另一個中隊長來了，同樣地問我有沒有拿別人的錢，我當然說沒有，他連問幾次，我都說沒有，和前面一個中隊長一樣地說，不打你不會承認，我又被打了一陣；他離開以後，大隊長來了，像前兩位一樣，威脅我要我承認拿了別人的錢，我堅決不承論拿別人的錢，照例又被打了一陣，臨走時也說，不承認再打。我的两隻手，腫得像饅頭，吃飯穿衣寫字都不方便，痛了很久。

我被體罰幾天以後，一次全大隊集合點名時，大隊長宣佈，升我為中隊長；因未曾犯錯被一再毒打，聽到升為中隊長，心裡沒有一點點喜悅的情緒。當然，升「官」以後，突然間高人一等，享受許多特權和自由，和其他大隊長中隊長同住一個房間，睡帆布床。

我升為中隊長以後，對人對事，仍然保持升官前的態度，而且絕對不體罰任何人，和升官以前一樣，朋友還是朋友，對同為特權階級的其他隊長，則不卑不亢，把不愉快的往事，統統拋諸腦後，讀我的書，學我的電報收發，日子還是平平靜靜地過下去。

許多年以後回想，在教養所被莫須有的罪名，一再挨打，也可以算是一種變相的“煞威棒”[3]；因為久任隊長的幾個人，曾經都是上海街頭的小混混，用當年的上海話說叫“小癟三”[4]，怕把我一下子升上去以後，跟他們平起平坐，會得意忘形，不把他們放在眼內，為防患於未然，就套用他們在黑社會邊緣，學來的一招半式，用來對付我；想到這裡，不禁啞然失笑。

當上中隊長以後，不但地位高人一等，享受許多特權，同時，請假也容易得多了；而當年的上海，因東北華北，連年爭戰，各個兵種的各路人馬，都會在此出現，只要是穿軍服的，都可免費搭乘公共汽車或電車，只要你穿得像個軍人，就可理直氣壯地搭乘，隨車的售票員不敢查也懶得理會，我每次請假外出，就穿上一套黃卡其布的青年裝，戴一頂同色的船形帽(老百姓是不會戴這種帽子的)，身上連一個符號或徽章都沒有，勇往直前，乘過許多次不買票的霸王車，這大概也就是人們賭撲克時常說的：膽大贏膽小吧！

我的被感化生涯，就這樣一天又一天地混了過去，日常的

---

3 古代嫌疑犯補獲後，怕他不服審判，先體罰一頓，稱為煞威棒。

4 上海民間，稱不務正業遊手好閑的人為癟三，跟隨他們鬼混的青少年或兒童，被稱為小癟三。

活動甚多，也無暇去想其他所謂“將來”的事；大約到了第二（一九四八）年的初夏，一天，不是規定可以會客的星期日，傳達室突然通知我到前面會客，我一面猜想誰會在這個時候來看我，一面匆匆往傳達室走去；快要走近傳達室時，遠遠看見帥連長和我的父親母親，站在傳達室外面等我；見面以後，沒有激動，沒有驚喜，也沒有情不自禁的流淚，一切盡在不言中，父母既與帥連長同來，過去幾個月發生在我身上的點點滴滴，料想父母都已知道，也不必再多說什麼了。

原來，我闖禍以後，有同時在揚州從軍的同學回鄉度假，與親友談到我在上海出事，雖然他們與我家並不相識，消息居然輾轉傳到我父母耳中；他們就悄悄來到上海，找到我原來的連，而帥連長已調任團部當參謀（近年猜想，很可能是因為我的槍擊案，受到連累，而調離隊職官），見到帥參謀以後，帥參謀就陪我父母來看我；就某個觀點來說，也可以視為另種型態的”探監”。

父母和我見面以後，替我辦了請假手續，一同進入上海市區，已差不多是黃昏時分，走進一家餐館，母親為我點了一大盤糖醋排骨，讓我獨自享用，父親與帥參謀，就在另一張餐桌旁聊天。這時，我並不餓，也不想吃什麼東西，心中隱隱地被温厚的母愛撫慰着，不忍拂逆，很勉強地把一盤排骨掃光，現在回想，母親當面看着我狼吞虎嚥，內心一定很欣慰。

當晚，投宿旅舍，我和母親合住一房，睡在母親的身旁，漫談別後的許多往事，好像又回到了母親温暖的懷抱，是我逃家當兵以來，睡得最安祥舒適的一夜。

父親還為我介紹了他在上海的一個表哥，閻振書先生，以後我請假外出，也常去閻府盤桓，孤身在外已久的我，再度觸摸到”家“，倍感温馨。

時序匆匆匆匆地流遞，轉眼夏去秋來，我慢慢覺得，在兒童教養所中，已完全不再是被判刑的犯人，和其他青少年受到同等的待遇，如果離開，應該不會有什麼問題。離開的念頭產生以後，就考慮重回部隊，即使所方猜想我回部隊，以上海市甚至全國，部隊如海，跟本不可能找到我，沒有必要，也不會去找我。大體上想過以後，很快下定決心，離開教養所。

七、八月間，一個星期天的早晨，按慣例辦理了請假手續，沒有向任何人透露今後的動向，走出生活了大半年的教養所，以自由之身，邁向人生的另一段旅程。

這時，青年軍二〇二師第二旅，已恢復抗日戰爭勝利前的原來編制，擴編（還原）為二〇九師，我原來所屬的第六團，改為六二七團，只改番號，人員照舊。

在團本部，帥參謀見我回來，知道我已離開教養所，也沒有多說什麼，我說我想再回到連上去，他說不必了，我送你到另外一個單位去吧；說完就拿出八行書[5]來要寫介紹信，我問他可不可以改個名字，他問我怎麼改，我說森字改為介甫；他寫完把信交給我，告訴我到本團迫擊砲連去報到；我心中一怔，步槍我都有點吃不消，迫擊砲又大又重，我怎麼抗得動啊！

這一次是我自己要回來的，帥參謀不讓我回原來的連，要介紹我去迫擊砲連；我心中又怕又不願意，可是實在說不出口，只好接了信，說聲謝謝，懷着憂懼慌恐的心情，去西營房，向迫擊砲連報到去了。

---

[5] 軍公機構專用，印有單位名銜的信箋，通常印成寬寬的八行。

八、上海保衛戰

我拿了帥參謀給我的介紹信，懷着忐忑不安的心情，到本團迫擊砲連去報到；見到連長張建勳先生時，他說帥參謀已打電話告訴我了，你來就擔任第九班的班長吧。第九班是彈藥班，負責運送砲彈；我心上的一大塊石頭，總算放下來了；接任後才知道，這個班長的階級是上士，心中暗暗竊喜，闖了大禍，轉一圈回來，上等兵變成了士兵階層最高的上士。

張連長與帥參謀，是中央軍校十七期的同學，友誼深厚。張連長是安徽人，身材高瘦，語音略帶沙聲，精明幹練，是典型的北方漢子。

迫擊砲連也是四個排，每排的前兩個班，負責一門八二迫擊砲，第三個班就是運送砲彈的彈藥班；例如第一、二班，四、五班，七、八班，十、十一班，各負責一門砲，第三、六、九、十二班，就是第一、二、三、四排的彈藥班。

我剛進迫擊砲連時，發現不少新兵是壯丁補充的，水準已不如過去招考的青年兵；我不知道大家對我過去發生的事知道多少，我自己則絕口不提。當班長的好處是薪餉多一點，每個月擔任一星期的值星班長，不必站衛兵，因為是幹部，心理上與行動上，都覺得比較自由。這時，我還不滿十五足歲。

在迫擊砲連大體上安頓好了以後，我就請假回家探親；因為東北、華中、蘇北，軍事連連失利，我們一家不但未能再回故鄉高郵，連揚州都無法安身，全家已遷居長江南岸的鎮江。我從上海上車時，車站內到處是携帶行李家當的男女老少，每節車箱都人滿為患，我是得警衛車站的戰士協助，先丟進簡單的行李，再從窗口爬進車箱的。車內人擠人，從上海一路站到鎮江。

我家住在寶蓋路，許多從高郵逃難來的鄉親，也都住在附近；寶蓋路距寶蓋山不遠，一天下午，二弟凌俊領我去寶蓋山遊玩，但見斜坡上枯草一片，他走到低處，擦了根火柴，把野草點燃，火勢就漫漫向上延燒；秋冬季節，燒野火，是小時候在家鄉常玩的遊戲，這一次却出問題了。

當野火向上漫延時，遠遠看見一個顯然是擔任警戒的兵，端着步槍向我們跑過來，我估計他到了可以聽到我的距離，開始向二弟吼斥，罵他不該點火燒山，一面在他身上用力拍打，讓對方看到又聽到，等他走近我身邊時，我主動開口，告訴他我是駐防上海青年軍二〇九師六二七團迫擊砲連的上士班長，回來探親，這是我弟弟，我才轉身，他就點火燒野草，實在很不應該，回家還要父親再懲罰他。對方見我軍服齊整，符號完全，所說在情在理，不疑有他，也就轉身回崗哨去了。

在鎮江幾天，全家團圓了，因為不久又要別離，感覺上好像在作客，不太像回家。臨別前，不知戰事發展成什麼樣子，父母跟我約定，將來戰爭結束，一切平靜下來以後，在報紙上登尋人啓事，尋端木森的，就是找你。母親還給了我一個金戒指，叮嚀我說，這是給你在緊急關頭時用的；戒指大約有四五錢重，是用一片窄長的金子捲成的，可以隨手指的粗細調整大小。臨別時，父親一再告誡我，遇到緊急情況，要運用你的智慧；當時對”運用智慧”這四個字，並不能透徹了解，但確已牢牢記在心中。

回到上海，轉眼秋去冬來，在軍營中過第一個冬天，才體驗到什麼叫寒冷；不禁想起兒時在故鄉高郵，床上墊着比棉被厚實得多的褥子，冬天的晚上，上床睡覺以前，女傭人早把厚棉被疊成長筒狀，近床尾的一頭，向下摺進去，以便保暖，又將裝滿滾水包了布的銅製湯壺（又稱湯婆子），放在靠近枕頭的地方，我上床時，湯壺已被推放到被筒的另一端，正好暖脚，我睡下來以後，就感到身體的位置，暖洋洋的，傭人又在棉被上加蓋一層較薄的被子，叫封被，以防我夜間掀開棉被會受涼。早晨起床時，棉襖棉褲棉袍，早已在炭火的架子上烤暖，穿上身熱烘烘的，棉袍的外面，加一件俗稱罩袍的單袍，以便換洗（棉袍不便常洗）；厚底的棉鞋，烤時放在下層，靠近炭火，穿上脚時，脚底發燙。此外，我還有一件厚大衣，是用父親在上海讀大學時穿的淡青方格子呢大衣，翻面替我做的。出門上學時，外加厚厚的帽子、圍巾和手套，人被包裹得扎扎實實，遠看像個人球，在當年的高郵，常被戲稱為”麻團”（油炸的黏滿芝麻的糯米粉球）。冬天，為保護皮膚，每次洗臉以後，我們還在臉上擦”白熊脂”，那是一種純白色似乎沒有香味的面霜；雙手就擦凡士林之類的油膏。我一直到當兵受入伍訓練，每天照規定整理內務，才知道早晨起床以後是需要疊被的！

冬天的西營房實在太冷，回憶小時候在家鄉的冬天，客廳前裝上一排上半截鏤空鑲玻璃的接地窗，垂下棉被般厚重的門帘，廳內一座燒炭或燒木柴的鐵鑄的爐子，我們稱它為「宮爋」（讀音），是長方形立柱式的，底部的爐門關了，就見不到火，頂端收縮如碗口般大小，爐子整天燒着，接一根碗口粗的白鐵管子，在室內環繞一圈，管口通向室外，排放烟氣。

西營房幾乎處處透風，軍用棉被又不夠厚，我把冬季的棉軍服與棉大衣，加蓋在身上，還是沒有暖意；有幾個晚上，實在太冷了，冷得我不敢到室外去刷牙洗臉，可是一天活動下來，脚丫子不洗異常難受，我乘全營房都已熄燈，大家開始睡覺了，就悄悄摸下鋪來，走到營房中段，一排排掛着毛巾的地方，順手摸過去，遇到濕毛巾，就拿下來，擦擦脚，再放回去；像這樣暗中用別人洗臉的毛巾擦脚，幹過兩三次，當時只是覺得，實在迫不得已，現在，六十五年後，回想起來，真不知該說是慚愧或後悔了！

冬天一過，全團奉命遷出西營房，駐進市區，迫擊砲連駐在閘北一個私人醫院及附近的民家。這醫院由兩位醫生姐妹負責，院中還有一個二十出頭的"姪女"，醫院也是他們的家。我們駐在醫院的一兩個月內，一天，盛傳一個身材魁梧的班長，和這個年輕的姪女同時失踪了，不知去向；大家暗中會意，發生了什麼事，都不願明說，大約過了四五天或一星期光景，兩個人又在人們的視綫中出現，大家心中有數，也沒有人多說什麼，好像什麼事都沒有發生過。若干年後，讀到德國大詩人歌德的名句:「哪個少女不懷春？哪有少男不多情？」兩情相悅，携手雙飛，即使在戰時，也是自然不過的事。

在市內好像還沒有駐定，又奉命調往黃浦江之東的浦東擔任警備，同時監督民伕，構築碉堡、壕溝等防禦工事，積極備戰，保衛大上海。這時已是一九四九年初春，京滬沿綫，都在備戰，長江天險，也加緊江防；在江陰要塞被突破共軍渡江南下前不久，我家再度逃難，抵達上海；母親問我，給你的金戒指呢？我說，平時薪餉不夠用，已分幾次剪下來賣給銀樓了，母親也沒多問。為了減輕家裡的負擔，就介紹二弟凌俊到我入伍的第二連當兵，大敵當前，不出操也不上課，全連在浦東監工，構築防禦工事。一天上午，值勤時，他內急需要解大手，把步槍擱在一個碉堡的門口，走到附近比較偏僻的地方辦事去了，等他一面整理褲子一面走回來時，發現步槍不見了，正不知怎麼辦才好，查勤的值星官出現了，問他你的槍呢？最後，從碉堡裡把槍拿出來交還給他，告訴他武器是軍人的第二生命，在任何情況下，絕對不可離身半步。

凌俊當兵，一共不過兩三個星期；這期間，父親好不容易搶購到三張船票，在人心惶惶兵荒馬亂中，帶着他和三弟霖，擠上輪船，在前艙的甲板上，一直站到臺灣。母親與四弟鑫，則隨二姨娘及楊霈楊霑兩位表弟，暫留上海，等機會再到臺灣去。

一九四九年四月二十一二日，共軍突破江陰要塞，大舉渡江進攻，五月初，從四週向上海迫進，十二日，上海保衛戰展開，浦東地區遭受襲擊，六二七團就地奮勇抵抗。

迫擊砲連的陣地，距最前綫的步兵，約在一二百米或二三百米之間，依地形與戰況之不同，時前時後，時左時右。我連的四門砲，大體上排成菱形四邊形，各據一角散開，前後的砲位，則避免在面對敵方的同一直綫上，以便利觀測、發射。

迫擊砲是前膛裝填的火器，發射時，以彈尾朝下彈頭朝上，倒退式將砲彈從砲口投進砲身（筒），彈尾碰到筒底的撞針時，擊發了彈尾的底火，引燃彈尾發射前加裝的彈藥包，立即爆發成強大的推動力，將彈身推出砲筒，投向敵方。射程的遠近，有兩項決定因素，一是砲口的高低，砲口愈高，砲彈上升愈高，落彈點愈近，砲口愈低，落彈點愈遠；二是彈尾所加彈藥包的數量，包數愈多，爆發力愈大，砲彈射得愈遠。戰場上的實戰操作，有時是應前綫的要求或指引，向敵方某某目標或地區發砲；迫擊砲連有自己的觀測員，在砲陣地前方相當位置，用望遠鏡向敵方觀測，回報指揮官，下令發射。作戰時，利用砲口的高低與彈藥包的多少，相互調整，配合射程表的換算，以求得較為精確的砲擊距離。發砲支援前方步兵作戰，除了要預估落彈點的距離，往哪個方向發射，則利用時鐘上的十二個分劃，例如說方向三點十分，就表示是向東稍稍偏北，比說東方稍稍偏北，更容易識別、溝通。

我身為彈藥班班長，任務是率領班上的兵，向砲位運送砲彈；砲戰開始後，排的界限沒有了，全連成為一個戰鬪單位，砲彈的運送，也不分彼此，各排互相流通。我每次將砲彈送到一個砲位，都喜歡停留幾分鐘，看他們如何發砲，心裡總有點癢癢的，很想上去試發幾枚，可是實在開不了口，始終無法過癮。我小時候，是常打群架的，一國對一國，現在在戰場，也是兩邊對打，只是用的武器不同罷了；看在眼裡，也暗暗覺得好笑，原來大人和小孩子一樣，都有喜打好鬪的習性。

迫擊砲連的陣地，隨時配合敵我形勢的變化，有時前進有時後退，有時向左方或右方移動。行動時，有一次發現一名陣亡的我方戰士，橫躺在路邊，隔一二天，再從旁路過時，也許因為連日陰雨，屍體已膨脹得像個白白的大麵包，軍服被繃得鼓鼓的，部隊走過就走過了，誰也不去理會。

有一個下着豪雨的夜晚，大伙人聚在屋內躲雨，門口放哨的衛兵，在幽黯的雨中，看見一人遠遠地走來。衛兵高聲問：「口令！」[1]連問幾聲，都沒有回應，等走到相當距離時，衛兵對

---

[1] 軍中用來互相識別的暗語，每天更換，有時一夜更換幾次。

準他開了一槍，來人應聲倒地。屋裡的人聽到槍聲，都衝了出來，上前一查，中槍的竟然是同連的一名士兵；也許因為雨聲太大，他聽不到衛兵的「口令」，未能立即回答，竟不幸被自己人誤殺了。

部隊行動時，怕槍口淋進雨水會生銹，我就把槍口朝下，背在肩上，有一兩回，走過田埂時，脚下一滑，跌坐在地，槍口插進水田，塞滿了污泥。

五月的上海，已進入黃梅多雨季節，有兩三個夜晚，大雨不停，我們都鑽進附近的民房避雨，好像有默契似地，敵我雙方，都靜靜地等待天明，能見度較佳時，再度交鋒。通常，天黑以後，只偶而聽到槍聲；並不如未曾身歷戰地的人所想像，前方是日夜不停交戰的。

迫擊砲的砲彈相當大，一發大約有十幾二十斤重，彈藥兵一次也只能挑四發，而發砲支援前方時，消耗的砲彈可觀，一個彈药班負責供應一門砲，異常費力，為了增加砲彈的輸送能力，我曾經做過一件現在回想仍感不安的事——拉夫。

一晚，敲門走進一户人家，看到一位老太太，身邊圍着一群中年婦人和小孩，見我帶着幾個持槍的兵進屋，一個個又驚又怕；我用上海話問家裡有沒有男人，老太太回說男人都出去了，還沒有回來。我不相信她的話，走向後面的卧房，用電筒照射，發現床角上的棉被堆得高高的，用力一掀，果然有一個農夫樣子的男人綣縮在床上，我一邊叫他下來，一邊退後兩步，要他到前面去；當時我心中也不很踏實，他相當健壯，如果跟我奪槍，我怕還真對付不了他。

他是我拉來的唯一的伕子，部隊行動時，他像彈藥兵一樣，也挑四發砲彈，和我們一同住宿用餐，客客氣氣待他；前後不過幾天，戰況急轉直下，他大概也看出我們很可能撐不下去，還未曾入伍當兵，却先學會「開小差」[2]，溜了。

通常，率領彈藥兵向各砲位運送砲彈，我都會停下來看看再去下一個砲位，有一次，也是全連最後一次，我剛送完砲彈，右側方的砲陣地叫我，快補充砲彈，我立即帶着彈藥兵趕了過去，砲彈點交完畢，也不過才轉眼工夫，猛然一個震耳的爆炸聲，從我剛剛離開的砲位傳來，我懷疑是不是敵人發現我們的砲陣地，發砲還擊了。急忙跑回去一看，慘不忍睹，砲膛被炸開了，身在砲管右側的投彈手，仰天倒在地上，骨盤被炸掉一半，腸子流瀉在外，人瞪着眼，不知是否還有生命；砲位四週，躺着輕重不等的傷兵；霎時間，各砲位的人都聚了過來，全連的戰鬪活動被凍結、停頓了；這一連的青年兵，多數是從安徽招考來的，都是鄉親，意外發生後，許多人忍不住哭出聲來。事後才知道，這個造成傷亡的意外，叫做膛炸。

迫擊砲的砲彈，是用生鐵一體成形鑄成的，因為用的是生鐵，才可以爆炸成無數碎片，產生殺傷力，用生鐵鑄成的彈體，有時會出現細小的沙孔，發射前如未即時發現，先將沙孔填蓋，發射時彈尾的炸藥爆炸，烟火就極有可能由沙孔進入彈體，引爆砲彈，炸破砲身，造成傷亡；這就是所謂的膛炸。所以，按照規定，每一枚迫擊砲彈，發射前都必須檢查，以防意外；可是在戰場上，臨陣倥偬，偶有疏忽，難免造成遺憾。

膛炸的意外發生後，迫擊砲連好像解了體，也喪失了戰鬪力，三轉兩轉，剩下的三門砲，都慢慢不知去向了，迫擊砲連好像變成了團部連，緊緊地跟隨團部行動；我曾經站在團長樂

[2] 軍官或士兵，未經退役或請假，不辭而別，一去不回，軍中俗稱開小差。

在中上校的身邊，看他指揮前方的戰鬪，隱約可以見到一二百米的前方士兵的行動，當時我就有一點疑惑，距離第一綫那麼遠，通訊也不十分週全，團長怎能完全了解前方的實際戰況？又如何能够具體指揮士兵作戰呢？

浦東的戰鬪，進行了兩個星期左右，我們依次渡過黃浦江，一步步向上海市區集中，駐進蘇州河北岸的一排四五層樓的倉庫，三餐照常供應，日間無事可做，就三五成群地，在附近街頭閒逛。一天，隨眾人走進一家當鋪，任意翻揀，我半買半拿地，弄了一套西餐店侍者穿的，黃卡其褲和口袋沒有蓋子的白卡其西式上衣。

這時早已聽不到槍砲聲，上海市又恢復了戰前的平靜；一天晚上，奉命立刻出發前往吳淞，似乎企圖在吳淞口登輪突圍。當大隊人馬徒步走到江灣附近，全體坐在地上休息時，看到西方大場機場的上空，一片火海，傳說是油庫被炸了。時間還不到半夜，消息傳來，吳淞失守，輪船都已開走，我們只好原路退回蘇州河邊的倉庫，過着無所事事的日子，戰爭離我們似乎愈來愈遙遠了。

九、解放軍戰俘

我們連夜從江灣退回上海市區，再駐進蘇州河北岸的倉庫，日復一日，等呀等的，一個天氣微陰的早晨，從倉庫中心的天井下望，見到地上一堆武器，旁邊站一個端着湯姆森式衝鋒槍的兵，一看制服就可斷定是共軍，又看到我們的人，一個接一個，把槍放在武器堆上，無聲無息地走出門外，我終於知道我們投降了。

我趕緊換穿，前幾天才到手的便裝，披上厚重的斗篷式雨衣，提着步槍，隨眾人慢慢走下樓去，放下槍；走出倉庫的大門時，瞄了共軍手中的〈湯姆森〉衝鋒槍一眼，那是當年美國援華最新進的半自動武器，子彈有姆指般粗，殺傷力大，長彈夾可裝二三十發子彈，可點放，也可連發，比我們用的步槍，火力强得太多了。

走出倉庫以後，我們自動排成三路縱隊，向前行進；我走在當中一行，我的左前方，一個端着衝鋒槍的共軍，頭也不回，一直向前走；我的右後方的一名共軍，向前行進時，不斷回頭向後察看。

這時的上海，仗打完了，街上的人也比較多了；我們這一隊敗兵頹散的行列，離開倉庫還不到十分鐘，走進一條不知名的狹窄的小街，街的兩邊，站滿了看熱鬧的市民，我連續回頭再回頭，看到右後方的槍兵，轉頭向後張望時，我手一鬆，任雨衣跌落地面，口中暗暗地自言自語，我要走了，立即閃出隊伍，隱入市民群中，回頭看隊伍繼續前行，沒有任何動靜，轉身投奔親戚去了。

十、海盜生涯

我在被俘的敗兵行列中，隨大隊慢慢向前走，才走了幾分鐘，行經一條窄街時，冒險閃出隊外，隱入街旁看熱鬧的市民群中，看看沒有任何動靜，轉身離去；在街上一邊問路一邊找，尋找楊家親戚聚居的地址，快到中午時才找到，是一處臨街的平房；二姨娘與兩位表弟等一桌子人，正準備吃午飯，兩年前才在八字橋初次見面的六姑婆婆亦在，還有一位（楊）寶豐叔叔，和其他楊家的親友。

他們見我到來，穿着便衣，知道我已離開部隊，都不問我有關打仗的事；用餐途中，一個叫花子來討飯，我用不很地道的上海話，把叫花子打發走了，二姨娘對我會說上海話，頗表驚異。

飯後，二姨娘跟我說，這裡一下子擠進很多人，實在住不下，她也是上午從靜安寺趕來見六姑婆婆的。後來就決定介紹我，到附近的張四太爺處暫住。

張四太爺愚階先生是高郵名西醫張鑫先生的四叔，有傳統書生的雅氣，通常是一襲灰白的長衫，與他灰白的頭髮極為相稱，面色白裡透紅，常帶微笑，待人和藹親切。他能詩能畫，寫得一手好字，還通命理星相，常到我家來，與我父親談天說地，和我們全家都很熟稔；知道我想去他家暫住，極表歡迎。

張四老太這時也在上海，老倆口租住一個人家二樓的庭子間[1]，地方本不寬敞，因為與我家既是同鄉又是好友，更加這時大家都在逃難，就接納了我這個不速之客。

我在張家寄住，晚上在他們房外的走道上，打個地鋪睡覺；白天則隨他們做小生意：在街上賣紙扇子。那是用一段大約手指粗二尺長的竹板，上面大半段劈成薄片，攤平以後，兩面用印有花卉等物的白紙，相對貼牢，就成了簡便的扇子，扇面有點像頂頭較大的橢圓形，是最平民化的日常用品。

住進張家以後，第二天，就開始在上海街頭賣紙扇子，賣了一整天，一把也沒有賣掉；第三天上午，拿着幾把扇子在街上邊走邊叫賣時，忽然遇見同連的一個姓金的班長（實在想不起他的大名，外貌却還記得，姑且稱他老金），雙方同時一驚，他問我怎麼在這裡，我就把被俘當天早晨，離開倉庫不久就脫隊逃跑的經過，約略說了一遍；他是隨隊被押戒到上海附近的真如，集體被關在一所中學內，利用下雨的夜晚，聯絡了幾個人，連夜逃出，現在都躲在川沙海邊，過去守海防時認識的民眾家裡，考慮到附近的松江縣政府，謀個小職員，以便隱藏起來；問他可不可帶我一起去，他說可以，又約定第二天早晨，在原地見面同行。

隔天早晨見面以後，他說從上海去要坐小輪船，每人一塊袁大頭[2]，他沒有錢了，問我有沒有錢，我身上也沒有錢，可是非走不可，我們兩個難兄難弟，行行重行行，徒步走到靜安寺，跟二姨娘要了兩塊銀洋，再走到蘇州河近黃浦江的一個碼頭，搭上小輪船，澎澎澎澎地開到川沙近海邊的一個村莊，下

---

[1] 上海，在正規的建築旁，加建的房間，通稱庭子間。

[2] 民國初年，官方所鑄銀元，浮雕袁世凱頭像，民間通稱袁大頭。

了船，幾步就走進屋子，裡面果然有三四個青年人，顯然不是莊稼漢；屋主說，聽說共軍已經知道這裡有逃跑的國軍，你們留在這裡很不安全，我送你們到有國軍的地方去吧。

我們上岸還不到五分鐘，又換乘船頭兩側，各有一隻大眼睛的木造漁船，我們坐在中段的蓬艙內，不太看得清楚船外的情況，連東南西北的方向都不知道，也不想多問，任漁夫送我們到國軍的防地去。船是近傍晚時開航的，船上沒有馬達，靠風力行駛，似乎不太感受到行駛的速度。天黑時，船家在船尾煮好飯菜，記得豬肉硬得好像只在鍋裡燙一燙，還沒有煮熟，就拿給我們吃了，當然食難下嚥；過去根本想不到，一般勞苦大眾，生活是如此清簡。

睡覺時，船夫遞過來一條舊棉被，也許是在船上用得太久了，摸上去不十分乾燥，還有淡淡的海水的腥味，我們幾個人，也管不了許多，大家綣縮在棉被下，和衣睡了一夜。

第二天一大早，漁船抵達舟山群島中偏北的一個小島 ── 小洋山，我們在朝西的一片沙岸登陸，背後應當是上海，但是太遙遠了，只能看到一大片汪洋似的海水；我們深感慶幸，終於逃出大陸，再度呼吸到自由的空氣。

小洋山，現在是上海市的深水外港”洋山港”，二ㅇㅇ四年的暑假，正在炸島建港，我曾偕韓國友人乘旅遊大陸之便，從上海的蘆潮港乘輪渡到嵊泗列島的泗礁山本島，住了一晚，第二天，雇了一艘小艇前往大洋山時，繞了一點路，專程前往小洋山，追懷舊夢；但見兩兩相對構築海上長城（高速公路）的擎天樑柱，從上海一路奔向小洋山來。島上的主峯幾乎已被夷平，全島正在施工，不能上岸參觀，我的友人，在海邊炸碎的亂石中，為我揀到一座拳頭大小顏體”山”字形的花崗岩，極美，也殊有歷史深義與紀念價值，如今襯以深紅色的軟墊，安置在我書桌上伸手可及的地方；偶而注目凝神，少年時代夢幻般的往事，常不禁在腦海中，片段片段地洄漩、浮泛。

當年，帆船經一夜航行，早晨駛抵小洋山，上岸以後，見到面對海岸的一排民房，有穿制服的軍人出入，進去一問，原來是東南人民反共救國軍某縱隊司令部，司令是封企曾先生，見面後，知道我們原屬青年軍二○九師，剛逃出上海，有意前來投効，當即表示歡迎，要我們先安心住下，容他慢慢安排。

封先生是江蘇松江人，容顏白淨，中等身材，頗有書卷氣；抗日戰爭爆發後，考入軍事調查統計局（簡稱軍統）局長戴笠主持的"黔陽特別訓練班"，練得一副好身手，槍法尤佳，曾在上海市區，開槍暗殺兩名日本高階軍官。抗戰勝利後，出任金山縣縣長。一九四九年春天，大陸戰況失利，軍統負責人毛森，派他擔任東南人民反共救國軍蘇浙邊區指揮部副指揮，據守小洋山；我們一行到達時，司令部也才安頓不久。

小洋山是一座南北走向的小島，封先生的司令部在島的西南邊上，面對大陸；島的東北角上，另有一個司令部，設在一個廟裡，司令是位女將，她就是沿海一帶馳名的雙槍女俠黃八妹 — 黃百器，據說她年輕時，靠販鹽維生，可肩挑二百斤鹽，快步如飛，隨身携帶兩把手槍，能雙手同時開槍，頗有威名；抗日戰爭期間，在沿海暗助國軍，立功不小，勝利後曾任浙江省平湖縣參議員等職，大陸局勢逆轉，她被派任為東南人民反共救國軍海北縱隊司令，率領她的手下，駐守大、小洋山。

我們在小洋山住了幾天，司令部首先將吳浩然與老金，推介給黃司令，到她大洋山的一個分部任指導員，徐飛與徐浩然任本部參謀，錢凱任軍械員，負責管理槍械彈藥，真正派下部隊的，只有我一人。

司令部屬下的武力，有一個相當於一個排的特務大隊，大隊長是蔣百鈞上校，穿軍服，腰間配一把俗稱”曲尺”的大手槍（用湯姆生衝鋒槍子彈）；特務大隊下面，是相當於班的三個組，我被派任第一組副組長，少尉，組長姓陸（大名也忘記了），上海人，極謙和；組內有十一二個組員，每人一把卡賓槍，組長與副組長，卡賓槍外，多一把二號左輪手槍。

特務大隊的隊部，在司令部後方半山腰的尼庵內，與司令部之間，隔着一個大池塘，雙方一高一低，大聲呼叫時，勉強可以聽到。蔣大隊長住在自己家裡，偶而來視察一次。尼庵正殿的地上住兩組人，我與陸組長，住在正殿佛像後面一條窄長的空間內，兩人各睡一頭，是名符其實的抵足而眠，另一組人就住正殿旁邊的房間。庵中的兩位尼師，無法照常在正殿禮佛誦經，被我們擠到近庵門的一個小房間，住宿、誦經、禮佛。

特務大隊沒有任何操課，一天上午，蔣大隊長來到大隊部說，有情報稱敵人將從後山進攻，全大隊立即到後山臨崖處佈防。我們就率領全隊，連走帶爬，到達後山，從山上望下去，大部分是參差不齊的懸崖，我就運用所知的防衛策略，將全組組員，在分配的防區內，作最佳安排，等待敵人來犯；折騰了大約兩三個小時，蔣大隊長來說，最新消息，敵人改變攻擊方向，警戒解除；許多年以後回想，這個臨崖佈防，是蔣大隊長使全隊隊員，保持備戰活力的一記妙招。

當時就我們所知，東南人民反共救國軍，是國民政府編制外的特殊單位，不同於一般軍事機構，只給番號，沒有正規的糧餉與補給，所有人員，也都無餉有糧，每天供應三餐，大家也了解，這是海上的游擊隊，幾乎完全靠自力更生，都心照不宣。事實上，是在海上劫掠運貨的商船，就我親眼所見，一次拖回來一船砂糖，小島上就人人用砂糖冲水喝；一次拖回來一船玉米，廚房把玉米碾碎了煮飯，飯煮好後，一粒粒圓圓白白的，挺好看，進了嘴却嚼不動，空高興一場。這些糖和玉米，後來如何處理，我就完全不知道了。

舟山群島是我國著名的大漁場，我在小洋山，還吃過一種不在舟山幾乎不太可能吃到的海產，那就是新鮮的海蜇。海蛰在海中漂游，上面是一片有桌面大小，兩三寸或四五寸厚，乳白近淺灰半透明的海蜇皮，皮下像傘把一樣，連着肥壯帶鬚淡紅色的海蜇頭；漁夫用稻草與麻編製專門用來撈捕海蜇的網，把海蜇打撈上來以後，就近用海鹽加大石頭，連醃帶壓，經過相當長的時間，重複醃壓許多次以後，就成了我們在市場上見到的海蜇皮與海蜇頭。

新鮮的海蜇，清洗以後，切塊下滾水一燙，會收縮得緊些小些，醮麻油醬油醋等作料，就可以吃了，沒有什麼特殊的風味，我曾經吃過一兩次，滿足一下好奇心罷了。

在小洋山的年輕軍人中，從上海逃出來的錢凱、徐飛與我三人，比較談得來，而且曾在一個海邊的崖頂，以海天為憑，結拜為兄弟，按年齡錢凱老大徐飛老二我老三。錢凱管彈藥，我們有時在他的房間裡，順手抓上一把左輪槍子彈，三個人走到偏僻的崖上，看到崖下有露出水面尖尖黑黑的石頭，海水冲上來，石頭淹沒了，海水一退，石頭又露出來，我們各自用左輪槍，瞄準海邊的石頭，利用一淹一露的間隙，對石頭開槍，看誰的槍法比較準，浪費過不少子彈。

有一次，封司令與黃司令，赴舟山群島的首府定海開會，同乘一艘大船前往，司令部命令第一組隨行，我才發現封司令對忠實淳厚的陸組長相當欣賞。我們分批從小船上大船時，見到四十歲左右的黃司令，身材已相當發福，穿的又是旗袍，行動不便，由幾個壯漢把她托上大船去，我在小船上，看到她肥胖的大腿，忍不住張開兩隻手的姆指與食指，相對着比劃，口中還喃喃地說，啊！這麼粗。旁邊一個人，猛然出手，把我擋開，壓低喉嚨，厲聲警告我說，她槍不離身，當心她隨手斃了你；嚇得我暗暗地吐舌頭。

大約在七八月間，特務大隊奉命調派部分人員，駐進司令部僅有的一艘西式機帆船待命，預定配合黃司令的一艘大帆船，一同出海。那晚，我們接到出航的命令時，已開始退潮，船擱在沙灘上，要等下一波漲潮，才能開船；黃司令的大帆船，較早接到命令，先出航了，泊在海上等我們。

就在這個晚上，我們等待的漲潮還沒有出現，颳起了狂風，飄灑着豪雨。

風雨聲中，無事可做，我就上了後方船頂的駕駛艙，坐在那裡乾等；只感到船身，激烈地側向左邊，再側向右邊，不停地左右晃動；船上早就沒有燈光，既不知道時間，也不知道怎麼辦；就這樣等等等地不知等了多久多久，好像看見窗外遠方，偶而有閃光出現，我靠窗一看，風雨中，右前方的沙灘上，隱約看到零亂的人影，一兩把手電筒，一再向船上照射，我才驚覺，大家都已下船了。我開門走出駕駛艙，大叫一聲，還有我呀！也不管有沒有人聽到，隨即攀着右船弦上方連結前後的一根粗木桿，踏着船弦，隨着船身的搖擺，一步一步，向船頭走去，看到左邊脚下的船艙內，已灌滿海水。

到了船頭，才看清沙灘上都是人，船頭吊一根粗纜，隨船的擺動，晃來晃去。沙灘上的人，看到了我，大聲叫我抓住粗纜，我試了幾次，抓住了粗纜，當船身再擺向沙灘，我同時躍下，快落地時，被高壯的大副一把接住，二人同時跌倒在濕淋淋的沙灘上。

他們見我下了船，確定船上沒有人了，大家就貼近地面，一個挨一個，半走半爬地，冒黑翻山越嶺，風雨挾帶沙石，颳在臉上，又刺又痛；回到隊部，一個個狼狽不堪，都成了大自然手下的敗兵；第二天天也晴了，聽人們談起，這種大風叫颱風。

我們的友軍，黃司令的一艘大帆船，颱風夜失踪了；天晴以後，發現附近的一座小荒礁上，好像有人揮舞衣服，接回來以後才知道，帆船敵不過猛悍的颱風，當夜就在大海的風浪中解體；他成了剩下的唯一大難不死的幸運者。

我們的機帆船，颱風過後也報廢了，船底破裂，無法修復，艙底沉積的泥沙，有兩三尺深，我們就從沙土中，挖掘下船時未及帶走的武器。我的卡賓槍與左輪槍都找到了，卡賓槍的結構比較簡單，清洗擦拭都不費事；左輪槍是可以一槍接一槍連發的，揭開槍機蓋，折卸以後，才發現它可以連發的原理，但還原却異常困難，就借來一把左輪，打開槍機蓋，對照着，像拼七巧板似地，一部接一部，步步相叩，把槍機裝好，對設計人的巧思，深感敬佩。

機帆船毀了，但是還可以廢物利用，把船板拆卸下來當柴燒。船身是以四、五寸見方的粗木，用手指粗的鐵條貫連起來的，我們沒有拆船的工具，只能用民間的斧頭，一小片一小片地把木頭「撕」下來，每天在酷熱的驕陽之下，日復一日地，拆呀拆，拆呀拆，終於把一艘西式的機帆船拆完。

機帆船拆完後沒多久，我忽然病倒了，沒有胃口，全身乏力，無法下牀活動，整天躺在牀上，慢慢地，發現右邊的面頰，開始腫脹，愈腫愈大，看上去很嚇人。小洋山是個只有一些漁民的小島，無醫又無藥，大家也不知怎麼辦才好；我自己不感痛苦或不舒服，只覺全身困頓；有人說，這可能是中暑毒太重而起的外症，叫疔，腫脹的部分，有可能像無數隧道般灌濃，就很危險了。我雖不知道害怕，但也只好聽天由命。

也許是命不該絕，一天，有人談起，聽說黃八妹的司令部，有一位從上海撤退下來的軍醫，何不去試試；在我瀕臨全然無助的混沌中，意外地閃出一線希望的曙光。

我組裡的一名好心的組員，背着我，循山路找到東北角上的一座廟，果然見到一位軍醫，他一看就說是疔，然後就翻他的藥箱，找到僅有的一枝盤尼西林，為我注射，又說過幾天再看看效果如何。

回到隊部以後，不知不覺地，病似乎漸漸地退了，人也慢慢恢復了。當時年紀太小，太不懂事，未曾向救命的軍醫，表示任何感謝之忱，連面都沒有見過第二次，更不知道他的尊姓大名；半個多世紀以來，每當想起，在小海島上，死裡逃生，常常遙遙仰念我命中的這位貴人，心中不禁默默地感恩再感恩。

秋天，封司令經舟山赴臺灣一行，回來時隨行的有兩艘小汽艇，聽說還有保密局（原軍統）撥發的電臺、輕武器等，我在特務大隊，這些司令部的消息，也只是聽說罷了。

司令部門前的一條小街，是小洋山唯一的街，和沿海的沙岸，大致平行，有幾家小鋪子；我們空閒的時間很多，就常在街上，來來回回地逛，時日久了，認識一些本地人，也常常去串門子。

十月下旬，臺灣輾轉傳來的消息說，共軍企圖登陸金門，在古寧頭大敗，未能得逞；臺灣海峽的局勢，轉趨穩定，因而觸動了去臺灣的念頭。

一次，聊天時聽到漁民們談起，運漁貨去上海做生意的事，探詢之下，知道他們去上海，要在吳淞的報關行辦手續，就問他們可不可以幫我帶一封信去上海；我建議信用報關行的地址寄出，回信寄到報關行，他們再帶回來。

我只記得夏亮大哥好像在內政部工作就把給二姨娘問夏大哥臺灣地址的信，交給他們，大約過了十幾天，他們說回信帶回來了，我才知道，他們沒有用報關行的地址寄信，他們直接找到靜安寺去，把信面交二姨娘，當時拿了回信帶回來的；淳樸的漁民，成了我生命中，助我一信之力的貴人。

有了夏大哥臺灣的地址，我就考慮寄信給他，打聽父親與兩個弟弟的下落。正好，司令部的參謀長顧勇傑將軍，將有定海之行，問他可不可幫我從定海，寄一封信到臺灣，他滿口答應。我說聽說寄一封信要一塊大洋，我沒有錢怎麼辦？他說你到民國一百年再還我吧！信就交給他帶走了。

大約過了一個多月，夏大哥的回信由定海轉來了，知道父親在花蓮玉里中學教書，兩個弟弟也都安好，要我到定海去找內政部辦事處的黃華年先生，等候臺灣的入境證。

這時，已是一九五〇年的初春，我上簽呈向封司令請求辭職，他立即批准，還發給我一些零用金。我隨即搭下一班便船，前往有海中洲之稱的舟山群島的首府定海。

十一、舟山萍蹤

我到定海以後，寄住在朋友介紹的好像姓毛的人家等信。毛家顯然是一個書香之家，家裡有一個房間，大約十五六尺見方，當中一個書桌，四面的牆壁，從天花板到地板，書架上排得滿滿的都是書，中文英文都有，我閒來無事，從上而下，一行行，一本本，逐本拿下來翻翻，再放回去。英文書有的又厚又大，硬本布面燙金字，我只讀過初一，知道是很好的書，只有乾瞪眼；中文書看得比較仔細，也只能走馬觀花，其中有一本叫〈相人術與成功術〉，是從英文翻譯的，文字淺顯，容易了解；記得書中舉例說：一次車禍以後，額角受傷的人，神志顯然清醒，眼睛睜得老大，就是不會說話，當医生從他的額角傷口中，取出一片碎骨以後，這個人突然會說話了。後來解剖發現，眼球附近，有一個主管說話的組織，被壓住時，人就不能說話；結論是眼球外突的人，多話或話多，是因為他那負責說話的組織，比較發達。當時就因為看到這一節，太吸引人了，實在愛不釋手，離去時，這本書，就被順手牽羊了。

在定海等臺灣入境證，不知要等多久，毛家又不便長住，就想找個辦法解決過渡期間的生活。一天在街上，看到青年服務團的廣告，招考地方自治人員，中學程度即可報名。抱着姑且一試的心理，找到設在縣黨部內的青年服務團，報名參加考試。幾個同時報考的，都是穿軍裝的年輕人。

考試由兼團長的縣黨部主委胡鼎華先生親自主持，考試的內容，是寫一篇與時事有關的作文，再經過個別面談，最後決定我和另一位青年被錄取；他隨即寫推薦函給定海縣政治科，要我們當天就拿信去縣政府報到。

政治科的科長（大名不記得了），身穿棉軍服，完全戰地作風，看上去頗有幹勁，見到我們以後，亦不多話，要我們等他寫派令。在他的辦公桌旁，我以立正的姿勢，靜靜地站着；另外一位年輕朋友，雙臂交叉抱在胸前，雙脚一前一後跨開，前面的一隻脚，脚掌着地，脚跟抬起，不停地上下抖動，身體同時慢慢搖晃。

我站立的位置，靠近桌邊，清晰地看到：「曹介甫擬以保指導員任用，XXX暫緩」。就這片刻功夫，我僥倖得到一個職務。許多年後，在臺北東吳大學的操場上，初識宗兄曹伯一博士，知道他是定海人，我把在定海考保指導員的事告訴他，他說當時他就在黨部內辦公；而胡主委與他，都是青年軍第一期的。一九九〇年代，我從紐約回臺探親，伯一兄還介紹我去拜訪瀚登國際管理顧問公司董事長名會計師胡鼎華先生，重話當年，攝影留念，不覺流光之易逝。

我被派到定海縣濱海的北岙鄉，記得那天上午，剛好是下過一場大雪之後，太陽普照大地，雪光耀眼，我一個人，背着簡單的行李袋，在山間厚雪覆蓋的路上，獨自前行。向鄉公所報到以後，見到鄉指導員是位二十多歲的青年，滿臉朝氣，聽說是從臺灣徵選來的，派我到鄉內一保任指導員，配發步槍一枝。

保指導員沒有特定的辦公處所，住在保長家裡，三餐由保長供應，至少暫時解決了我的民生問題。保指導員的主要工作，是每晚天黑以後，由保長帶領，挨家挨户檢查户口，以防四面環海的定海，被共軍的水鬼，乘夜摸黑侵入。記得有一個晚上，將近半夜時，查到一户單間房屋的人家（軍中術語稱為「獨立家屋」），敲門以後，不久門開了，見室內只有一張大床，一對年輕的夫婦，好像被我們闖破好事似的，衣衫零亂，面露羞澀；我與保長，互換目光，臆測到大概是怎麼回事，也頗感尷尬；可是任務在身，也管不了許多，好在這樣的場景，只出現過一次。

臺灣的入境證，終於等到了，內政部駐定海辦事處的黃華年先生，是夏大哥內政部的同事，把入境證交給我，約定三月初某日，隨他搭船同往臺灣，當時我工作才一個多月，尚未領過薪金，身上無錢，他也不跟我提錢字，船票應當是他幫我買的，又一次遇到貴人。開船的日子一到，我趕到城裡，隨他們夫婦一同上了輪船，向寶島臺灣駛去。到臺灣後見到父親，談起定海到臺灣的經過，父親對我匆促離開定海前，未能先辦離職手續，不辭而別，還責備了一頓。這時，我的實際年齡是十六歲零五個月。

我在定海一面工作一面等候臺灣入境證期間，三月一日，引退中的總統蔣中正先生，在臺灣復行視事，重掌總統職權，中國的政局，又展開了嶄新的一頁。

從定海到臺灣的輪船上，認識了一對同任立法委員的夫婦，閑談中，對我經歷的事頗表興趣，在船上的一兩天，每天三次，都找我和他們一同用餐；船到基隆，告訴我乘柴油車去臺北最為便捷，又幫我買好車票，車到臺北車站，走出車站才告別分手。當年，不知為什麼，傻傻地，只說了聲謝謝，未曾詢問他們的大名，如今回憶起來，仍感温馨，這一對好心的夫婦立委，也是我命中的貴人。

十二、學爲人師

從臺北火車站下車，走出車站，對面就是館前街，夏大哥一家，住在近火車站，臨街左邊一排房子的二樓。三公公三婆婆、夏大姨娘、夏大哥夫婦、三個兒子、兩個妹妹，一大家人，五六張牀，環放在房間內，顯得相當擁擠；夏大哥的兩個弟弟，夏光與夏明，沒有住在家裡。我到了以後，夏大嫂在二樓過道的地板上，每晚替我打個地鋪，就這樣在他家住了幾天。

我動身去臺灣東部花蓮縣的玉里鎮，走了兩次，第一次以為從臺北坐火車到蘇澳，從蘇澳就可坐長途汽車，經蘇花公路到花蓮，再從花蓮坐火車到玉里；當初不知道蘇澳開花蓮的長途車，早晨才有班車，我到蘇澳時，已近中午，沒有趕上，只好退回臺北；隔天，夏大嫂又多給我一些錢，讓我好在蘇澳住一晚，以便第二天一早，搭長途車去花蓮。以後的許多年裡，經過台北時，也常在他家掛單[1]，夏大嫂都親切照料，比親嫂嫂還要親，我也曾一再跟她開玩笑說，我到你家真像賓至如歸。夏大嫂在我們衆多的親友中，是萬分難得公認的好人中的好人，對往來親友，無不和藹接待。

玉里中學是花蓮縣立的初級中學，父親在學校擔任教務主任兼班導師。我剛到時無事可做，父親怕我閒得無聊，每天下

[1] 行腳在外的僧侶，在別處寺院投宿，稱為掛單。

班後，常把報紙雜誌帶回家來，供我閱讀消遣，報紙以臺北出版的中央日報最常看，也看得比較仔細；雜誌則以香港出版的新聞天地，較有興趣。中央日報除了新聞多，社論的文字，也深具吸引力，我相當欣賞。

一次，聽到父親與其他老師談話時，提到毛澤東先生抗日戰爭時期寫的〈沁園春〉，我不便也不敢詢問，因為當年談論任何話題，只要涉及中共的人或事，都具有極高的政治敏感度，誰都不敢掉以輕心。我正在納悶，不知怎麼辦才好時，奇蹟出現了，父親帶回來香港出版的新聞天地裡，有毛的沁園春。

新聞天地是反共的，才能在臺灣發行，其中有一篇，用漫畫的方式，將沁園春全詞，一句配一幅漫畫，痛快淋漓地加以描述，當然都是譏諷的筆法，我一句一句抄了下來，竟然得窺全豹，興奮之至。

〈沁園春〉到手以後，我先用心背誦，又一再默寫，確實記牢了，還不放心，怕將來忘記，再也找不到怎麼辦，就用一小張厚紙片，很細心地把它抄寫下來，藏在家裡最秘密的地方，可是，後來却再也找它不到，所幸我到底是記住了。與毛的〈沁園春〉同時刊出的，是名作家易君左先生步原韻諷毛的〈沁園春〉，當然沒有附帶諷刺的漫畫，全詞我只記得兩句：「千秋功罪，青史無私細細雕」。有趣的是，四分之一世紀以後，我在紐約的一篇報頭評論中，曾將這兩句詞加以引用[2]，僥倖地頗得一些文友的謬賞。

我是一九五〇年三月初，從小洋山經定海到臺灣的，兩個月以後，五月十七日，舟山群島大撤退，徐飛與錢凱也隨軍撤

[2] 見作者《夜之歌》頁 三五七。

退到臺，離開小洋山時，據說封司令對他們毫不留難，任其自便；而他本人，則率領極少數的幹員，秘密潛入大陸，執行任務去了。第二年（一九五一）春夏之間，看到中央日報刊出敵後殉難人員名單，共有好幾百人，排在第一行第一名的，就是封司令的大名封企曾。

二〇一二年的秋天，我回故鄉探親訪友，道經滬濱，特地前往上海市立圖書館，在一九五一年五月一日，上海出版的〈解放日報〉上，查到封企曾先生與許多敵後工作人員，前一天被處決的幾篇報導與短評，另一頁上，還刊出一張封先生伏屍刑場的照片，觸目心驚，感傷了很久很久。

轉眼就是暑假，玉里中學升學花蓮師範的校友，利用假期，借玉中的教室，辦民眾國語文補習班，看他們在講臺上，講授注音符號和中文，我也被引起了濃厚的興趣，想步他們的後塵，去讀師範，享受公費待遇，既不會為家裡增加負担，將來還可以任小學教師。

當時軍公教人員的薪俸，普遍偏低，又沒有實物補貼，父親拿的雖然是最高薪，每個月家用都不够，就託人介紹我在暑假以後，去玉里南邊安通温泉附近，東里國民小學的一個分校，先做代用教員，以後再參加檢定考試，便可成為合格的正式老師；而我是一心一意想去唸師範學校。

日子過得實在太窘了，父親不贊成我的想法，希望我先就業，再從長計議；我自己因逃家當兵，失學幾年，看到年齡相近的師範生，求知慾被激發了，左說右說，就是無法接受父親的安排，為了表示意志的堅決，再一次上演離家出走。

我到玉里不久，住在花蓮的一位同鄉呂孔昭先生，到玉里來探訪我父親，在我家住過幾天，因而認識；我就坐火車到花蓮去找他，在他家住了下來。他知道我出走的原因，表示理解，就寫信給我父親去疏通，希望能化解誤會。父親見我升學的志願無法動搖，回信表示同意，我才打道回府，準備升學投考師範的事。

呂家在高郵，本是富厚之家，初到臺灣，一時謀職不易，暫以販賣蔬菜水果維持生計，為批貨方便，住在花蓮南郊的吉安鄉，我亦曾隨他們夫婦去菜市場，幫過幾天忙。

天黑以後，在門外的空地上納涼，隔着不多大的一片菜園，常常聽到夜空中傳來口琴的吹奏，一個女聲在口琴的伴奏下唱歌，唱的是我非常喜愛的〈天長地久〉；我在上海時，早已熟習曲譜與歌詞，因為打仗後來又逃往海島，很久未曾聽過歌聲，而這首歌，描述的是牛郎織女，分隔在銀河兩岸，傾訴相思之苦的幽怨，感人極了。也許，我已漸漸長大，〈天長地久〉裡，歌聲中流露的男女念慕的柔情，聽得我心蕩神馳，久久不能寧靜。

回到玉里以後，就準備投考師範的事，師範是為培養小學教師而設，小學不教物理化學與英文，師範生就不必學，入學考試也不考，我的準備工夫輕鬆不少，數學還是要考的，父親請同事張紹和老師幫我補習數學。張老師是上海人，教授英文，因為主修工程，數學也很強，我每星期請他教我兩次，每次大約一小時，我能僥倖考上師範學校，幾乎完全得力於張老師的補習課，他本是我父親的好友，堅決不肯接受任何報酬，也是我人生途中的一位貴人。

大約在一九五一年新年前後，父親經多方努力，輾轉拜託上海與香港的友人協助，母親與四弟鑫，得從上海南下廣州，渡海到香港，再由香港乘輪船到臺灣。一路同行的，還有二姨娘、楊霈楊霑兩位表弟、（吳）可權大舅與六姑婆婆。母親與四弟平安抵達花蓮玉里，我們一家再度大團圓。兵荒馬亂戰火連綿的年代，不知有多少人家，妻離子散，音訊全無；我們雖然也曾經歷顛沛、流離，天涯海角，各散一方，最終能全家團聚，真是天大的福報，不幸中的萬萬幸。

有一次，花蓮縣舉辦中學生論文比賽，玉里中學是初級中學，參加初中組。當年，臺灣光復不久，學生初學中文，程度相當不齊，拿不出比較可看的文章，又不能不參加，學校只好請初三各班的導師，每人準備一篇，用學生的名字，參加比賽，父親被分派到一篇，題目拿回家來，要我代寫。

我那一陣子，常看報紙雜誌，似乎可以有話說，又無法推卸，就勉強關起門來絞腦汁了。記得論文必須趕火車送往花蓮的那個早上，我還在家裡忙着謄清，來拿論文的校工，等着我把草稿謄完，拿了清稿，逕往火車站，搭車去花蓮，繳送論文。

隔不多久，論文比賽的結果發表了，玉里初中由我幕後捉刀的那一篇，得到初中組第三名，同事們就調侃我父親，你的文章寫得不錯啊，我父親說，那是我兒子寫的，大家聽了，將信將疑。這是我和玉里中學僅有的一段文字緣。

玉里中學的音樂教室，大門常開，裡面有一臺古舊的立式大鋼琴，我等到放學以後，就坐在琴前，按照〈鋼琴演奏法〉上的圖例與說明，找到中央 C，無師自學起來，好在當時在上海流行的國語歌曲，我幾乎都能哼哼，簡譜一看就記得，我不管他是 A 大調 B 小調，或其他什麼調，全部都彈成 C 調，只有高低音與長短快慢的節奏，照歌簿上的曲譜彈，也頗能自得其樂；後來用以黑鍵為主的降 E 調，也照彈不誤，我自己滿意就好，當時，我還能為自己伴奏，邊彈邊唱；後遺症是讀師範時，張玉柱老師教同學彈鋼琴，我知道自學時，已不自覺地養成許多不合規定的習慣，因而不敢跟張老師學琴，這個小秘密，從來沒有向任何人透露過。中國有句古話說，不依規矩，不成方圓，應當是經由實踐而得到的教訓。

投考師範以前，我還對照〈口琴吹奏法〉，自學口琴，先吹單音，再吹複音，最後是八度複音，琴聲就更加渾厚而動聽；夏天的晚上，在月光下，常在玉中的操場上，大吹特吹，幾十隻國語老歌，我可以不重複地，一曲接一曲，吹到半夜。到紐約以後，買到一隻德國造雙調（C、G）口琴，吹起來就更帶勁了。

我對樂器的興趣，一直都很濃厚，退休以前，先跟我教過的學生胡敬忠學過一段時間小提琴；退休以後，又跟小提琴演奏家徐佳小姐學過幾個月，也許真的是八十歲學吹鼓手，逾齡了，沒有能學出什麼名堂來；我的感想是偷閒學少年，遠不如乘幼小時多多用功。

嚴格地說起來，不管它是鋼琴、口琴或小提琴，對我而言，都是玩具；這些樂器，如果亦有靈性，一定會暗自嘆息，未能遇到知音。

暑假開始，臺灣全省六七個師範學校，同時開始招生。師範相當於高中程度，招考初中畢業生，我只讀過一個半的初一，沒有畢業證書，按規定不能報考。好在天無絕人之路。因當時經過幾年內戰，最後幸運逃離大陸的，許多人都是隻身抵臺，連父母妻子兒女都顧不了，更不要說學歷經歷證件了，為化解現實的困境，政府採取權宜措施，凡薦任級以上公務員出具的學經歷證明，可具原始證書證件同等效力：我這時是十七歲零幾個月，證明我兩年前在大陸已初中畢業，時間上是可以說得過去的；如此這般，我也就具備了投考師範的資格。

按正常的進度，小學六歲入學，小學六年，十二歲小學畢業；初中三年，十五歲初中畢業；高中三年，十八歲高中畢業。當年的學制，滿十八歲就不可報考高中或師範。

師範的入學考試是在七月份舉行的，我身分證上的出生日期是八月十九日，實際上是農曆的八月十九（公曆是十月八日），社會上與公私機構，卻是把它當公曆日期來看待的，因此這一次考試，成了我僅有的唯一的一次機會；如果考試日期延遲一個月，我可能連報名的資格都沒有；這個潛在的威脅，我並非不知道，我想現在時間已經非常有限，馬上就要跟應屆的初中畢業生，並肩競賽，同場參加師範的入學考試，應該用全部的時間與精力，準備應考的功課，哪裡還有閒暇與心情，去考慮這是今生最後的機會，考不取怎麼辦。我把這一切的顧慮都拋到九霄雲外，好像這些隱憂都不存在，也可以說一切都豁出去了，想都不去想它，拿整個的生命，作孤注之一搏。

臺灣的東部只有花蓮與臺東兩縣，各設一個省立師範學校，人們一般的印象，認為花蓮比較進步，臺東比較落後，自然就會推想到臺東的學生程度，也比不上花蓮，因此我這個久住花蓮的居民，也就報考了省立臺東師範學校。後來才知道，與我同時報考東師的，還有來自臺中、臺南、高雄、屏東等地的考生；競爭的激烈，很有可能超過花師。這些遠道而來的考生，大概也以為，被視為落後地區的臺東，學生的程度應該偏低，他們錄取的機率，就會比較高吧！（若干年後，聽說已為臺東籍的考生，定下了保障名額）

動身去臺東考試時，父親的同事，住在我們同一棟宿舍前面一個房間的戚報湘老師，知道我要去考東師，很熱心地介紹我去臺東中學孫佩瑾老師家寄住，獲得許多照料與方便，令人感念不已。這二位安徽籍的老師，也都是我生命中的貴人。

秋季開學前，收到臺東師範的通知，我竟僥倖被錄取了。我的生命史，從此又揭開了嶄新的一頁。

臺東師範的校區，在臺東公園南邊的中華路之北，向南穿越中華路，就是臺東男中的校區，再向南一二百公尺，就瀕臨太平洋了；我曾在洋畔戲水，還寫過一首小詩：〈太平洋的呼喚〉[3]，記遊記感。

我入學時，是第四屆，東師創校才四、五年，僅有木造的一長一短兩排教室兼辦公室，和一座木造的大禮堂，互相對稱，當中隔着大片草地，種些零星的花木。校區佔公園偏東南方的一個角落，後方朝西朝北的腹地，才是廣袤的臺東公園。

我從普一入學到普三畢業，用的是同一個教室，位在偏北一排教室的最西端，就整個東師的校區而言，是全校的西北角，從教室門前的走廊向西跨出一步，就進入臺東公園，得地利之便，享受公園美景的機緣也最多。

臺東公園的西邊，有一座南北縱走孤立的大山，山上林木蓊鬱，中段高高隆起，兩端緩緩下降，神似一尾躺卧着的大鯉魚，因而得名鯉魚山；遠遠望去，既蒼勁又豪邁，頗有山野的靈秀之氣。

公園當中偏西，有一條溪流，像細細長長的蚯蚓，由北向南蜿蜒流去。溪面不寬，但也無法跳越，溪溝很深，水却很淺，但整年不斷；沿溪兩岸，種了一些雜色的樹木，溪岸被往來行人，走出村野小路來；課前課後，週末或放假的日子，幾乎成

---

[3] 見作者《夜之歌》頁十三。

了東師學生專用的散步幽徑。

小溪東邊、佔用公園一大半面積的，是臺東縣的公共體育場，沒有全縣大型集會時，就被用着東師的操場。體育場的最東邊，有一個座東朝西的司令臺，平時孤零零地矗立在那裡，像一座無人的荒廟。

我進東師以後，全心全意做一個學生，把過去幾年的風風雨雨，完完全全拋在腦後，根本不去追想，也決不對任何人提陳年往事，就好像從來沒有經歷過一樣。

臺東師範設普通師範科與簡易師範科，我入學時，普三有三班，普二有三班，普一有三班，我被編在普一乙班。普一各班，本來都是男生女生合班的，從普二開始，三班的女生，都集中到普二甲班；調整以後，甲班的男生，不少被編入乙丙兩班，剩下來的，淪為班上的少數民族；普二乙普二丙成了和尚班，直到畢業。

入學以後，除了編班，還要編隊；因為從我在臺入學的那一學年開始，全臺灣成立了中國青年反共救國團，簡稱救國團，所有的大學生與高中生，都是當然團員。東師全校，編成一個總隊，每個班級大約有三四十個學生，編成三個小隊，全班編成一個中隊，同屆的三個中隊，編成一個大隊，普三、普二與普一，一共編成三個大隊，東師的簡易師範班，人數不多，編成一兩個中隊。編隊時，教官指定我擔任第三大隊的大隊長，也許是因為我的身材，比一般同學略高的緣故吧！普二時，我擔任中隊長，普三時，我是一名隊員，站在隊伍中，頗有閱盡滄桑的悠閒感。

臺灣創設救國團，依據我多年後的理解，是政府在大陸時，被各地連年不斷的學潮，鬧得痛失大半壁江山，仍有餘悸，記取了教訓，先主動把大中學生，納入救國團的系統，照料同時也加以照管，依各校學生人數的多少，派任軍訓教官，輔導兼作耳目；當然救國團歷年也確實舉辦了許多，具建設性有益學生身心健康的活動，功不可沒。

普一的國文老師是北平人從雲閣先生，說一口清亮的京片子，比許多電影裡外地人說的京話，動聽得太多了。從老師教國文，頗有古風，且親切而生動。第一堂上課，就對我們鼓勵有加，他說師範生享受三年公費，如果想讀大學，規定的三年服務期滿，就可以投考了。聽他說完了這幾句話，我當下立定志向，將來一定要讀大學。師範三年，我未曾對任何人說我要讀大學，只有我自己知道。多少年來，每當回憶起讀書求學的坎坷歷程，想到從老師醍醐灌頂的嘉言，總令我銘感五衷，從老師也是我命中的貴人。

後來大家也都知道，師範畢業，三年的學業成績最好，服務三年的考績，都得甲等，就有資格申請保送師範大學深造。當時我想，讀書考高分可以苦拼；服務三年，新出校門的師範生，每年的考績都想要拿甲等，就得天天做小媳婦，看校長多少臉色，還硬搶資深老師的年終獎金，跟追求知識有什麼關係，更何況只能讀"師範"大學，一次師範還不夠嗎？所以我想都不想。

我們都是住校生，宿舍是借用東師附屬小學的空教室，室內排滿上下兩層的木床，各人的私人物品書籍文具等，都放在教室的課桌內，課桌桌面掀開就是木箱子，蓋下來就是桌面，都沒有鎖，呈不設防狀態。

讀普一時，同班的一位女同學，相貌端莊，一雙烏溜溜的大眼睛，分外迷人，令人印象深刻，那時我正醉心新詩，讀過徐志摩、聞一多等前輩詩人的詩與浪漫故事，因而產生許多美麗的幻想，把這位女同學幻成了”假想敵”，寫了一封試探的信想給她，不知如何投遞，就放在書桌內，我還沒有想出寄信的方法，一天早晨，我才走進教室，就聽到同班的周來香兄，高聲說;「我像深海底的一尾小魚，失去了温暖，又見不到光。」我一聽，當然知道是我信中的句子，先裝得若無其事，打開書桌一看，未寄的信已被拆開，原來是他與高我們一班的柴松林兄捉狹，前一晚乘我離開教室以後，檢查我的書桌，偷看了我的信。這一樁尚未萌芽的準少年之戀，就不了了之了。整整六十年後的二〇一一年的秋天，同是乙班的費樹澄兄與夫人巫穗雲老師，在臺北邀請同屆的同學餐叙，半個多世紀未曾相見，這位女同學，更顯温雅，恰巧就坐在我的正對面，當年她知不知道這一段小插曲，我無從臆測，而她則神采大方，儀態嫻淑。

同班的林顯輝兄，坐在我左邊，發福得像大餐廳的總經理，也是半個多世紀不見了，他當年每逢開飯，不算高的身材，總是第一個衝出教室，搶先端菜端湯，我們給他起的外號叫游擊隊長；他一見面就對我說，以前在臺東師範，覺得你很高，現在看起來並不算太高，好像有點縮水了；我笑而不答，心裡在想：進東師那年，我已十八歲，是一個合格的可以當兵的壯丁，而你們大多數是初中畢業，才滿十五歲的小把戲，當然比你們高一截；我沒有縮水，是你們長高了啊！

東師入學不久，教體育的王仲三老師，大概也是因為看到，我比一般同學高些，就鼓勵我參加學校的籃球隊，當時，我正全心全意鑽研新詩，功課應付過去就好，其他的一切，都不放在心上，王老師要我學籃球，我實在沒有興趣；我想，我的手是用來寫詩的，不是用來練鐵沙掌的，雖然王老師跟我提過幾次，見我的反應不夠熱烈，也就不再勸我學籃球了。

從普一開始，我對新文學，特別是新詩，發生了異常濃厚的興趣，徐志摩等人的詩與生平，吸引了我全部的注意力，而師範的課程，不難應付，也助長了我奔向詩國的壯志與雄心。

起初，是從學校圖書館和縣圖書館，借各家的詩集，新詩與舊詩，能借得到的都看；一邊看，一邊摘錄比較喜歡的句子，曾把印度詩哲泰戈爾作鄭振鐸漢譯的〈飛鳥集〉，整本抄下來。日常生活，唯一的重點與寄託就是詩，完完全全陶醉在詩的氛圍中，其他一切的一切，好像都與我無關。

除了專心讀詩，像朱光潛的〈詩論〉、〈文藝心理學〉，朱自清的〈談美〉與〈給青年的十二封信〉，傅東華的〈文學概論〉和王國維的〈人間詞話〉等，談文學理論的書，也是我閱讀的重點。另外一個閱讀的領域，就是古今小說與文史哲專集，以及報紙雜誌上刊登的，當代詩人與作家的作品。

除了借書，還買了我到臺灣以後的第一本書。那是普一上學期開學不久，在臺東街邊地攤上買的〈歌德的戀愛故事〉，編者艾艾，發行者是藝林書店，經售者是海服書局：左營埤子頭一號，中華民國四十年八月臺一版，比我進東師早一個月，是出版不久的新書，就上了地攤，如果不是走路從攤邊經過，可能就錯過了。

這本書比三十二開的本子小些，六十八頁，薄薄的一冊，封面是淺棕黃與藍色套印，除了書名，還排印了歌德一首四節共十六行的情詩，書內略述歌德一生的戀人與情史，穿插了幾首歌德的情詩，可讀性很高，美中不足的是紙質與印刷都相當粗糙；這本陪伴我超過一甲子的”老”書，我用透明的同書大小的塑膠袋套着，完整地安置在我書房內的書架上，數千冊的藏書之中，偶而抽它出來，把玩片刻，細聞書香，如對老友、故人。

漸漸地讀多了、看多了，慢慢懂得欣賞知道評比了，就不自覺地開始模倣着，寫些自以為似乎像詩的句子，常常零零星星地寫，總是不能成篇。

學校是九月初開學的，不久，秋漸漸深了，地上增加了不少落葉，沙土好像也慢慢多起來了。一天下午，我從縣圖書館走回學校，在距離學校不遠，寬闊的黃土路上，突然一陣狂風，從四方捲襲而來，颳起沙塵像海上的渦漩，把我裹在當中，眼睛都張不開，難以行進，不記得等了多久，塵土才慢慢散落；我回到學校以後，把剛才在路上被圍困的感受，匆匆地寫了下來，然後一改再改，改了幾天，加上一個字〈飆〉做題目，自己覺得似乎像一首詩了，就撕下一張作文薄上的紙，謄清一遍，寄到本地出版的臺東新報副刊”綠島”，怕稿件被退回來，讓別人知道不好意思，沒有寫投稿人的通訊處，作者姓名用的倒是本名。

令我大喜過望的是，等了幾天，我生平的第一首詩〈飆〉[4]，居然被報紙採用，白紙黑字地刊登出來了。

開始寫詩以後，因為當年中共口口聲聲要“血洗”臺灣，我的心海中，不禁久久久久地，浮現一個奇思妙想：如果中共宣佈永遠不攻打臺灣，我師範畢業以後，就申請到阿里山中的小學，教一輩子書，遠離人烟，每天與嵐光山影為伍，行吟在叢莽溪壑之間，終老一生。

---

[4] 見作者《夜之歌》頁三。

當年，我還曾有過一個遙遠而又飄緲的幻想：大陸與臺灣之間，隔着一個海峽，雙方各有一個政府，關係是中斷了；但民間私下的接觸，既無法避免，也難以完全隔絕或阻止，日久天長，極有可能醞釀成巨大的變化，一旦時機成熟，不必經過劇烈的掙扎，應會出現水到渠成的歷史性變局，雙方再度合而為一。

與此同時，我才開始投稿一兩次，和一位女同學，秘密交換信件亦還不久，正滿懷希望，做作詩人旖旎的美夢；突然，對方出我意外地，斷絕一切聯繫，說變就變，真是所謂少女心海底針啊！甚至見面時，也不再招呼。我受此猛烈震撼，雖然談不上失戀，痛苦確是有的；對方如此善變，也令我感到心寒，就想用”寒心”兩個字作筆名，紀念兼為恫戒；繼而一想，寒心是表情示意的說法，不像名字；轉而想到〈夜半歌聲〉裡，有一句歌詞：“我是那月邊的寒星”，寒可作姓用，以“寒星”為筆名，一語雙關；從那以後，除了兩三次用“野馬”、“可春”、“依萍”等作筆名，投稿幾乎都署名寒星，極少用本名，詩友們也都以寒星相稱。有趣的是，這位使我初嘗少年維特式煩惱的佳麗，長相如何，姓什名誰，如今連點滴印象都沒有了。

可能是投稿的次數多了，引起主編的注意，在〈綠島〉上刊出一則編者小啓：“寒星先生：請示通訊處。”我在隨後投寄的詩稿上，附註了“賜教處：省立臺東師範學校”。隔沒多久，上晚自習時，查堂的柳庭桂老師，走到我書桌邊問我，介甫你是不是常常寫詩投稿呀？我抬起頭來微微一楞，柳老師說，你不要緊張，臺東新報的主編，是我的好朋友，他想約你見面談談，什麼時候比較方便呀？當時就約定下一個星期天，去臺東新報拜訪。

臺東新報的主編熊徵宇先生，筆名文野，瘦高的身材，容顏清雋，膚色透白，戴金邊眼鏡，一見面就知道是搖筆桿子的文人，中華文藝獎金委員會，曾為他出版過一本以闡揚農村土地改革為主題的小說：〈花蓮港之戀〉，頗有文名。

在臺東新報的編輯部，同時認識了臺東縣議會的議事主任潘懋鉌先生，潘先生身材不算高，人偏瘦，但兩眼有神，一口福州腔的國語，頗為動聽，是傑出的才俊，以青年書法家知名，他的漢隸，東臺灣隨處可見；是熊先生約來一同相會的。他們二位，年紀相倣，都還單身，正當青壯，已有相當社會地位，我對他們稱先生，熊先生似乎循文壇習慣，多稱我寒星，潘先生則稱我介甫。

救國團臺東支隊的主任，由縣議會議長黃作榮先生兼領，而實際業務則由潘先生負責。我是東師總隊的代表之一，常參加支隊部的各項活動，與潘先生更多見面的機會，往還日久，除了公誼，還成了潘府的常客。我雖是住校生，平時多了一些去處，生活頗不寂寞。我亦曾邀請熊潘二位，去玉里小遊，在我家作客。

在東師的第一個雙十節，轉眼到臨，全校以班為單位，舉行壁報比賽，我是班上的學藝股長，當然負責其事。我用二十四張西式的信箋橫放作基礎，從上到下，四張一排，排成六排，用各為一寸寬的藍白紅三色彩紙圍繞一圈，象徵青天白日滿地紅，上沿當中向上凸起來，貼進一個青天白日的國徽。壁報的內容，是選抄班上同學有關國慶的的文章，還有散文、新詩與專論，穿插幾張反共的漫画，才算大功告成。製作的過程中，我擔任設計與協調，請幾位同學幫忙，做得最多的，是擅長書法與漫畫的陳昭德同學，一個埋頭苦幹的大功臣。

壁報快接近完工，我就考慮要貼在哪裡？我們教室前隔一條走廊的牆上，是一個接一個的窗户，牆面太窄，根本貼不下我們的壁報；最近的，只有隔壁普一甲教室的對面，有一大片剛好夠貼我班壁報的牆，我怕被普一甲捷足先登，就不斷催促抄稿的同學，儘量快抄，又怕明說了會影響工作情緒，心中焦急，真是分秒必爭，好不容易把壁報趕成，連夜貼上面對普一甲的牆壁。

壁報上牆以後，我又擔心，壁報貼在普一甲教室對面的牆上，很有可能被評審的老師們誤認為是普一甲的，我們怎麼辨？亦曾想過在壁報的旁邊，做一個箭頭指標，寫上"普一乙壁報"；又想到這樣做是不是太囂張了一點。我私下考慮了一陣子，覺得這樣做，也許有點過分，就沒有採取行動。

普一甲教室對面的牆壁，被我們搶先佔用了，他們把壁報貼到另外一排教室的空牆上，小小的一片，平平淡淡，很不起眼。這時，也曾有別班的同學表示，我們班的壁報，得冠軍的希望最大；我們自己，當然也有十足的信心。

壁報比賽的結果公佈了，不幸被我憂中，普一甲竟然真的得到第一名，我暗暗叫苦不迭，也曾考慮要求學校重新評審，想想太勞"師"動眾，不一定辦得到，就只好認了。

這一次壁報比賽，我們的報面最大，有文有圖，設計也相當生動，用青天白日滿地紅與國徽做襯托，更強調了愛國的情操，卻未能奪冠；而普一甲得第一名的壁報，報面沒有我們的一半大，其他各班的壁報，也都比我們的小很多，似乎該得獎的未能得獎，而能不能得獎，不完全是操之在人吧！

比賽過後，全校秋季大旅行，目的地是花蓮著名的温泉鄉瑞穗。乘火車抵達瑞穗的當晚，在瑞穗國小的教室裡，才安頓下來一會兒，突然間，樑柱格格作響，地動山搖，電燈也熄了，教室變成了一個沒有亮光的大搖籃，人站都站不穩；聽到本省籍的同學大叫：地震來了，快逃！

我跟着大家連忙衝出室外，在操場上遇到高我一班的柴松林兄和他的一位同班同學，還沒有開始說話，操場像篩子般又抖動起來了，我們三人，很自然地，圍成一圈，相互握着彼此的手臂，隨着大地搖擺，晃盪再晃盪，等地震全停止了，才進教室休息。

第二天，地震過去了，温泉之旅的遊興，也乾巴巴地泡湯了。東臺灣唯一的鐵路幹綫，被震得肝腸寸斷，火車停駛，全校師生，只好徒步上路，沿鐵軌南下，向臺東出發；瑞穗温泉，是什麼模樣？只在此山中，雲深不知處，大家都無緣一睹真面目。

走回臺東的長征，第一站在玉里打尖[5]，因我父在玉里中學執教，全體師生就借用玉中的教室過夜。我家為帶隊的老師們，每位煮了兩個荷包蛋，聊表地主之誼與敬意。隔天大隊人馬從玉里走回臺東時，我偷懶留在家裡，等鐵路完全修復了，才乘車回學校去。

轉眼快到陽曆新年，學校要出版一本慶祝聖誕節與新年的特刊，三個年級各推選一人為代表，擔任選稿與編印。我被選為普一的代表，普二的代表是柴松林兄，普三的代表黃慶萱兄统籌全局，同時從各班邀約幾位書法高手，負責刻鋼版，共襄盛舉。因為只能利用課餘時間，進度不如預期，接近完工的那

---

[5] 旅行途中，休息或飲食，俗稱打尖。

幾個晚上，教官特准我們幾個人，可以不隨隊行動，留在學校，工作到深夜，再自行走回東師附小的臨時宿舍。

特刊編寫到最後，快完工時，慶萱兄發現，有一片兩指寬左右的空白，無法填滿，就自言自語地說，這怎麼辦？當時，我和松林兄都坐在他對面，只見松林兄略一沉吟，隨口說用”秋依斜陽、碧石寒光”如何？慶萱兄連聲說好，把這八個字寫成兩行，填了進去，大功終於告成。

接下來就是放寒假，我回到家裡，看到日本式榻榻米的宿舍，被地震震掉泥板的粗木架上，貼滿了暫時用來擋泥灰的舊報紙，報紙的副刊版面，東一小片西一小片印着新詩，我當時真是求詩若渴，就拿父親用過的老人頭刮鬍刀的刀片，從牆上把詩一片一片地挖了下來。老人頭的刀片一面是刀口，另一邊是加厚的把手，拿在手中挖牆上的報紙，既方便又安全，現在已找不到這樣的刀片了。

父親從外面回來，發現牆上一個個破洞，就問母親是怎麼回事，母親說你的兒子要做詩人啊。後來父親見到我，只笑了笑，也沒多說什麼。

寒假過後，大地春回，東師舉辦全校運動會，人人都必須參加，至少一個項目，同時選拔代表隊，以便參加稍後舉行的全縣運動大會。普一乙開會討論本班班隊的名稱時，有幾個名字被提出來，供大家選擇，提名人並解說各自的理由。

我覺得幾個名字，都不够生動活潑，就提議用 OK 兩個英文字母作隊名，並且強調“OK”是個人人一聽就懂，而且是中外日常被用得很普遍的口語，為隊友加油時，最易上口，叫起來新穎、響亮、動聽，沒有比這個更恰當更適合的隊名了。經我一番慷慨陳辭，“OK”便成為班隊的名稱，報名時就用“OK

隊”。要如何印到運動背心上去？大家也接受了我的建議，圖案是一個標槍手，左臂伸開，手心朝向左上方，頭轉向左，順着左手遙望遠天，右手持標槍指向左側的天空，作投擲狀，在標槍前三分之一的槍桿上，從左到右，掛上 OK 兩個粗圓體字母，都用藍色印在白色的背心上。

運動背心準備齊全了以後，大概也只穿過一兩次，就都被大家淡忘了。

縣運會是全縣各中小學都要參加的，運動場近在東師校園的後身，得地利之便，我們只要走幾步，隨時可以進場參觀各個比賽項目。臺東農校的選手楊傳廣，鋒頭最健，和臺東師範的選手温惠美，被選為縣運之英與縣運之花，實至名歸，人人都為他們高興。楊傳廣後來被熱心體育活動的名建築家關頌聲先生發掘，刻意栽培，曾在奧林匹克運動會上，榮膺世界十項全能運動的亞軍，為中國人爭光。

縣運會是要舉行一整天的，夕陽西下時，田徑賽球類等各種項目，差不多都已比賽完畢，只有跳高一項，還在那裡慢條斯理地較勁，淘汰到最後，剩下的幾名選手，你彎彎腰，我按按腿，再一個一個，悠悠地跑向横竿，奮力一躍，跳不過的，等等再試。我在場旁觀，都忍不住替他們着急，曾對身邊的一位同學說，把這些選手的女朋友找來，替他們打氣加油，就都可以跳過去了。這是我一時有感而發神來之筆的戲言，想不到過了半個世紀，二十一世紀開始後才六、七年，在紐約的一家報紙上讀到，西方的某研究機構，研試證實，運動員在參加競賽時，他或她的情人，如能親自在現場鼓勵、加油，運動員會有超出體能極限的表現。

當年我年紀小，常常信口開河地說些香港人所謂“無厘頭”的怪話。記得那時在國策的鼓舞宣導下，是“反共抗俄”情緒集體膨脹的年代，反攻復國更是標的重中之重，中心的中心，所有新創的話劇、藝術、文學等，共同努力的方向，基本上都是反共的。抗日戰爭時期，蕪軍先生作詞黃友棣先生作曲的〈杜鵑花〉，是鼓勵青年踴躍奔赴前方殺敵報國的名歌，其中“……記起了戰場上的情郎，……哥哥！你打勝仗回來，我把杜鵑花，插在你的胸前，不再插在自己的頭髮上。……”因為有激勵青年從軍衛國的涵義，因而再被炒熱，到處傳唱。

這時，有一首格調與〈杜鵑花〉近似，也是鼓舞情郎奮勇從軍的歌，在學生間流傳，全歌的歌詞，也是勉勵情郎，英勇地奔向前線；歌的名字早已忘記，歌詞也記不清了，但這首歌的結尾是重唱兩遍的“我在橋上等哥哥”，却始終記憶猶新，還能隨口哼哼；因為，我曾和同學開玩笑說，同樣是木頭做的，如果把橋改換一個字，效果就更强了，同學問我改什麼字，我說把“橋”改成“床”，吸引力不是大得很多很多嗎？同學們聽了，無不大笑。

普一下學期的導師是向春生先生，雖然只有一個學期，印象却相當深刻。

我在週記簿上最末一欄“雜感”的部分，從來不涉及任何現實的世事、國事、社會現象或個人瑣事，因為日常生活以詩為中心，我用像詩又像散文又像新文藝腔的筆調，總是寫些空靈的不着邊際的句子。以最後三週為例：第十二週的雜感是：“上帝！饒恕我吧！雨來的時候，我要赤裸着讓它淋。宇宙偉大麼？自然美麗麼？踏青的人兒，你們失落了什麼在草上？午唸徐（訏）詩，徐徐睡去。考算學又訪孫山。好，崇敬你週圍的喇叭吧，他們都有甜蜜的聲音。”向老師的評語是：“詩人的生活。”第十三週可能未曾準時交週記，向老師的評語是：”週記應按時交，才有意義。“第十四週也是普一下學期的最後一週，我的雜感是：“夜鶯在窗外低吟，這是情人夢中的囈語麼？讓遙遠的敬意，去抵償往日的恩怨，我以深沉的懺悔，面對這褪了色的影子。”向老師大概看得煩膩了，在評語欄內，用蘸紅墨水的毛筆狠訓了一句，“青年人應正視現實”。

有一次，向老師帶領全班同學，整理教室前面的花圃，點名時沒有點到我，而我正在教室裡，專心跟中外的詩神打交道，完全忘記了其他的事；向老師走進來對我說，你不來我要記你曠課了，我抬頭啊了一聲，……向老師見我沒有行動，就走出去了。

向老師在東師，只教了一個學期，就離開臺東，去別處教書。

幾年以後，我自己做老師了，一次要班長帶全班同學勞動服務，有一個男生不聽指揮，抗議說我是來讀書的，不是來做工的，班長來向我報告，我說你們做你們的，不要理他；班長走後，我心裡在想，好小子，居然也敢反抗，要得！

我讀臺東師範三年，校長是學者型的劉求南先生，劉先生是早期的日本留學生，溫厚敦實，說話不疾不徐，老神在在，亟得全校師生的尊敬，我讀普一那年的上學期，校長曾調集我們全班的作文簿，親自複閱；例如發現我的一篇作文〈雙十感言〉裡，把“撐”的字右下方，牙寫成手；“寇”字頂上少了一個點，“冷”字寫成三點水，未被改正，他就在這三個字的旁邊，各做一個記號，在這些字正上方簿子空白的地方，用濃墨各寫一個桂圓大的正確的字，在文末下側批一個核桃大的“閱”字，左下方簽一個小小的“南”字，加個日期；篤實謙抑，展現至善的身教。

普一的暑假快來臨時，報上看到臺灣省滑翔分會招訓暑期班的廣告，在學的高中生都可報名，費用全免，還供應往返車票；我好像靜極思動了，馬上去信申請，不久接到通知，已被錄取。

滑翔訓練的營地，設在臺北工專，學員住在工專的學生宿舍，用工專超長型的操場作為飛行訓練場。我寫到這裡時，恰巧看到今天二〇一四年一月十二日紐約出版的世界日報 D3 頁上，刊出一條臺北十二日電，文中報導稱「……日本投降後，臺北工專接收了一批用於航空教育的滑翔機，……」，我才意外知道，在工專辦滑翔訓練的原委；真是奇緣。

参加滑翔訓練的學員，都是男生，二十餘人，來自全省各地，從臺東去的，好像只有我一個。飛行訓練的教官，據說是由空軍總部的幾位軍官兼任的，一個個文質彬彬挺有書卷氣，無論是在教室或是在操場，工作態度之親切、懇摯，無不令人十分欽仰。

訓練的內容分為操課兩部分。教室上課時，講解滑翔機演進的歷史、飛行的原理、以往的實戰紀錄、未來的展望等等；特別強調，空軍已成為保國衛民的主要軍種，飛行員的需要量，與日俱增，而滑翔是儲訓飛行員的基礎工作，更是青年人獻身報國的大好途徑。平時，駕滑翔機在天空翱翔，可以縱覽大地山河；戰時，經過短期培訓，即可成為軍機駕駛員，捍衛領空。

我們學的是初級滑翔，每次由一人駕機操作；木架式的機身，左右各有一片中空的機翼。機尾的尾翼，在滑翔時，可以經由駕駛人座位前的操縱竿，控制機身滑行的方向。滑翔機飛行的動力，是用一條手臂般粗約百呎長的加强橡筋，以 V 字形，兜在機尾，橡筋以 90 度角，在機身兩側，向左右前方伸出，由兩邊的學員用力牽拉，拉到張力足够時，教官將固定滑翔機的樞紐一開，滑翔機就飛一般地被“彈”出去了。

為了鼓舞我們學習飛行的興趣，增强我們的信心，滑翔分會特地邀請年高七十的楊子惠（森）將軍來激勵我們的士氣。楊將軍老而彌堅，學會飛行，能駕駛飛機在空中遨遊，成為新聞人物。那天，他是由一位異常年輕的夫人陪伴同來，參觀我們操練，抽空與學員聊天；臨別前，他們賢伉儷還和全營員生，在滑翔機前合影留念。

訓練期間，一個星期日，全體員生同遊新店碧潭，想不到臺北市郊，竟有這麼好的去處，又深又闊的潭水之上，可以划船，而吊橋高懸半空，横跨兩岸，如長虹亙於天際；聳天峭壁微向東傾，壁頂綠樹叢叢；壁有裂隙，水波冲激，忽忽有聲。日影偏西，泊小舟於壁下，俯仰之间，頗見蘇東坡赤壁懷古的野趣；其時，方讀醉翁亭記不久，印象尚新，曾倣歐陽文忠公筆意，試草小文一葉記遊，現在還記得末尾的幾句是：飲汽水，啖西瓜，亦水上客也。

滑翔訓練結束後，成為基本滑翔會員，領到貼照片的會員證一張；分會又按排我搭乘空軍飛機，從臺北飛回花蓮，新穎活潑的學飛之行，終於告一段落。

回家不久，接到學校通知，要我提前一個星期回校，協助訓練新生。訓導處指派我的工作，是擔任女生區隊的區隊長，領着普一的二十幾個女生，參加新生訓練的各項活動，任務之一是進入女生宿舍，教她們「整理內務」，從鋪床疊被做起，這些初次離家過團體生活的女娃，圍在我身邊，看我一次又一次，把棉被叠得方方正正像剛切開的豆腐，有的竊笑，有的扮鬼臉，我都裝着看沒有見，忍住不笑，仍然一本正經地，把我從十三歲入伍當兵學到的第一個看家本領，一邊示範，一邊解說；她們以後是不是都照我教的樣子做，我就無從稽查了。

新生訓練是一九五二年夏天的事，一個甲子過去了，我始終猜不透，當年學校為什麼挑選我這一個大男生，去當女生區隊的區隊長！那時根本沒有人知道我是行伍出身的“老兵”啊！

普二開學以後，為了遵行滑翔訓練結訓時“推廣滑翔運動”的囑咐，我獨自辦了一張壁報，約有一全張報紙大小，題名「滑翔運動特刊」，貼上我坐在滑翔機上準備起飛的照片，又寫了幾篇介紹滑翔運動鼓勵同學熱烈參與的短文；為了讓更多的人看到，我把這一版壁報，貼在人來人往最多的訓導處走廊的牆上，才算完成了一項任務。

擔任女生區隊長的續集是，學期開始以後，跟其中一對姊妹花的姊姊，不知不覺地，接觸漸漸多起來了，交換過兩封信，收過她一張小照，偶而在校園或路上遭遇，會停下來小聊片刻，連手都沒有碰過，所謂交往，僅是如此而已。寒假中，她們因為父親調職臺南，轉學到臺南師範，寫信要還照片，我的答覆是怎麼來怎麼回，一直等到畢業旅行路過臺南時，才當面完照歸還，此後，聯繫就不斷自斷了。幾年後我考上大學，忽然接到她寄到學校給我的信，往返問候了幾次，就沒有下文。我赴美進修後又過了很久很久，大約是一九八五年奔慈母之喪回臺，來香兄告訴我，巧合無比，這位同學僅一個學期的學妹，曾在我進大學前最後服務的小學任教數年，直到不幸罹病撒手人寰，尚未滿五十歲。人世滄桑，有如此者，思之不勝欷歔！

普二的寒假，救國團在全省分區辦理青年先鋒營，招訓小隊長以上各級幹部，東臺灣花東兩縣九個高級中學的聯合營地，設在花崗山上的花蓮師範，我也奉派參加；課程和團的名稱相同，以「反共救國」為重心，除了名人演講，訓詞選讀，心得報告，還有時事辯論、反共歌曲教唱、同樂晚會等活動。

結訓的那個早晨，全營師生在大禮堂集合，行禮如儀；最後的一個節目，是宣佈受訓學生前三名的獎狀與獎品。大家都凝神靜聽，第一名：花蓮中學吳端，第二名：花蓮女中XXX（名字不記得了），第三名：臺東師範曹介甫。對我而言，這真是一個大大的意外中的意外，太突然了。

回到學校，知道陪伴我們一年的嚴教官榮生先生，要調回國防部，同學中不少人依依不捨，我就發起大家合資，送嚴教官一面錦旗，以表惜別與崇敬；題什麼字比較適切？教官是在訓導處辦公的，我就近到教師宿舍請教訓導主任丁汝漢老師，丁主任說，嚴教官姓嚴，題”嚴如父”三個字好了，我覺得不太妥當，又不敢表示出來，正在為難；旁邊的老師說，用”師尊道嚴”如何？我馬上接腔說好極了，難題終於化解，才體悟到在社會上應對處世，是一本天書，永遠沒有讀完的時候。

普二甲的溫秀雲兄，對寫作發生興趣，向臺北出版的一個青年刊物投稿，投過幾次，都被退回，後來，熱心的編輯，在退還的稿件上，標出缺點何在，附短信提示他應如何修改，他把文稿修改後再寄去，被刊登出來了。這樣往來幾次以後，編輯的來信，由稱他秀雲同學，改稱秀雲小姐；他來問我怎麼辦，我說你不要說穿，以後再也不必擔心被退稿了；果然，以後寄去的稿子，幾乎都由編輯修改後刊出。

隔一年普三的初夏，師範快畢業了，循例都有環島旅行，這位多情應該尚無對象的編輯先生，知道東師的旅程以後，特別來信約定，他一定提前去火車站等候，並詳細說明，穿什麼顏色的西裝，繫什麼花式的領帶，手上還拿着一本當期的刊物，以便「秀雲小姐」一眼可以認出來。

火車抵達臺北站時，我不忍看到令人啼笑皆非的尷尬，出站時未與秀雲兄同行；他們老哥兒倆，是如何樓臺相會的，我就不得而知了。

普二的下學期，四月底左右，一個星期天的早晨，與余阿勳周來香兩位同班學友，共乘兩輛脚踏車，先向西一路遊玩，近中午時，在余的姊丈家便餐後，參觀了附近的豐里分校與零落不堪的原日本移民住宅區，再回轉向東，巧遇踏車來尋的莊文炳兄，臨時决定穿過公園，向西北方飛馳，同往臺東大橋一遊。那時我天天寫日記，記事兼磨刀，把當天拉長了的日記用稿紙謄寫下來，加上「臺東一日」[6]四個字做題目，寄給臺東新報的副刊。

日誌刊出幾天以後，“綠島”出現一個編者答覆讀者投書的小啓，大意說您的高見，已轉知寒星先生等等。後來我才知道，我的記遊小文中，「過大橋，有衛兵數人」兩句，引起一位憂患意識超人的愛國志士的疑慮，認為可能洩漏國防機密，因而投書責難。熊先生則勸我放心，沒有事。我終於發現，報紙確實是有人用心看的，而且還拿着高倍數的放大鏡。

---

[6] 見作者《夜之歌》頁 一八三 。

一九五三年（我讀完普二）的暑假，轉眼之间，就快到了；救國團又有創舉，推出全國性的大中學生暑期戰鬪訓練，項目甚多，有文的有武的，其中「海洋戰鬪」一項，對我最具吸引力。陸海空三軍當中，陸軍我是從大兵幹起，幹到士兵階層最高的上士班長，有實戰經驗，僥倖不死，戰敗被俘後，不旋踵間，在押戒的共軍槍口下冒險逃脫；空軍我學過最基礎的滑翔飛行；只有海軍，雖然曾經在海島上，幹過不是海盜恰似海盜的海上游擊隊，距離正規的海軍，還差十萬八千浬，因此對由海軍負責主辦的「海洋戰鬪」，乘長風破萬里浪，興趣特別濃厚。

申請表寄出以後，確實太渴望參加了，就寫了一封信給嚴教官，問他可不可以就近幫我查一查。很快就收到回信，說我已以第一名被錄取；當時我就猜想，極有可能得到嚴教官從旁協助，而第一名之說，是他安慰或鼓勵我的話，或者他幫我打聽時，錄取名單尚未定案，經嚴教官關照以後，首先寫下我的名字；因為這不是考試，申請的人，大學生高中生都有，被錄取的人，名次應該是不分先後的。

「海洋戰鬪」訓練，參加的大約有一百人，男生女生差不多各佔一半，從左營海軍士官學校報到開始，一共兩個星期。先換上海軍士兵的水手制服，上課講解海軍的沿革、傳統與習俗，有些還追溯到英國的皇家海軍，非常有趣。例如：水手服披在後背的一塊方形大翻領，是為水兵落水，可以從後面把他提上來用的；海軍上下軍艦，必須向艦尾旗行禮；在艦上互相行禮時，肘部要靠近身體，以適應艦上較窄的空間；海軍自己不說上軍艦下軍艦，說上船下船；海軍吃魚，朝下的一面，只可掏出來吃，不可把魚翻個身來吃；艦上士兵亦須“站崗”，海軍稱為“值更”，午夜的那一更，叫做“狗更”；英國皇家海軍的傳统，女性不上軍艦，……。

我是懷着朝聖的心情參加「海洋戰鬪」的，每一分秒都仔細看用心學，絕不錯過任何一個細微末節，也可以說，把整個的生命，都融溶到海軍生活裡去了。除了每天寫日記，記下生活中的所見所聞所思與所感，上課時，別人像聽導遊唸經，我則儘量筆記課程內容；此外，還搜集海軍出版的各種刊物與書報。

士官學校的操場上，我們聽完教官的講解與示範，輪流練習艦砲的操作，又用無線對講機，試作遠距離海上通話；一切就像剛剛入伍的水兵。

陸上訓練告一段落，接下來是海上的訓練，戰鬪營的全體員生，就上了海軍的「中字號」，那是兩棲坦克登陸艦，體型又長又高又大，前方的兩扇艙門向外一打開，將吊板放下，與沙灘連接以後，水陸兩用的坦克車，就可以從甲板下的坦克艙開上沙灘，登陸作戰。

坦克艙有四五個籃球場那麼大，臨時隔成前後兩段，都排滿了上下兩層的木床，作為男女學員的宿舍；在艦上用餐時，由炊事人員負責分派，學員拿着自助餐式分格的托盤和湯碗，依次排隊領取，是非常新鮮的經驗。

「中字號」從軍港左營啓航，向澎湖的馬公出發，學員們都是第一次搭乘軍艦，身上穿着具有浪漫韻味的水兵裝，精神更加抖擻，比劉老老進大觀園還要興奮百倍；一路上但見海闊天空，在無窮遙遠的天邊，天與海之間，只見一條淡淡的線；偶而會巧遇黑背的大鯨，從船旁游過，真想伸出手去，摸它一下；也曾見過一群會飛的魚，同時從水中飛躍而出，又一同投入前方的水中，消失了踪影；有幾次，看見白色的海鷗，結了伴似的，從遠方翩翩飛來，繞着「中字號」，盤旋又盤旋，然後，頭也不回地向遠空飛去，……。

「中字號」駛抵馬公，相當意外地，一對嬌嬌的稀客，從臺灣趕來，參加我們的戰鬪行列，她們是海軍總司令馬紀壯將軍的兩位千金：馬秋乙與馬秋王；她們遠道追踪而來，女生增多兩名，「海洋戰鬪」的隊伍，也頻添了活潑的朝氣。

我們在澎湖作重點參觀以後，再度出航，駛往馬祖，遊覽了沿山蜿蜒而上的小街，街上有一家掛着〈馬祖商店〉橫式招牌的雜貨鋪，招牌白底黑字，相當醒目；又參觀了設在地下的馬山喊話站，那是用來向對岸作心戰喊話用的，朝西的一方，有一個鑿穿岩層的展望孔，放眼遠望，可以看到遼闊無際的海面。

從馬祖駛往金門的那個早晨，明朗的朝陽下，全體學員在甲板上集合，由一位穿海軍白色大禮服戴白色大盤帽的軍官帶領，做早操，這位軍官的大名叫李澧。海洋戰鬪的教官有好幾位，奇怪的是只記得他一個人，相貌連名字都記得清清楚楚，更奇的是，整整十年後，我大學畢業，服預備軍官役，竟與他重逢，又有一段古，那是後話了。

金門最引入注目的“建築”，是從太武山的腹部挖掘出來的〈擎天廳〉，完完全全包覆在大山之中，又寬又深，頂上暗暗的，似乎高不可及，像個出奇高大的禮堂，沒有窗户，也沒有樑柱，舞臺與燈光俱全，由一條甬道通入，是兵工的克難成果，令人一見難忘；地面的建築，有古色古香的〈莒光樓〉；此外，就是蔣總统中正先生親題的〈毋忘在莒〉，高達數丈的大片崖刻，印象最深，我曾在崖下攝影留念。

在金門，我們還參觀了古寧頭大捷的戰場，那是面向西方海岸的大片沙灘與坡地，我們去時，已是下午，偏西的太陽，強光直射，眼睛都被曬得眯了起來；帶隊的教官說，我們曝露在西曬的陽光下，對岸看得一清二楚，不能久留，只大略向四方瀏覽了一下，全隊人就都離開了，大家總算看到了生死搏鬪的戰場，對我這個曾親歷火線的「老兵」而言，心湖上浮現的又是一番不同的情境。

航行途中，一天晚上，曾舉行了一次同樂會，由同學們擔綱演出，其中最精彩的一個節目叫”影迷求婚記”，由後來的名導演小白（白景瑞）自編自導自演；當時他是師範大學藝術系的學生。

出場的演員只有兩個人，小白演男主角，向一個漂亮的少女求婚，表演的過程有點像對口相聲。演到高潮的時候，不知少女說了一句什麼意外的話，只聽到小白高叫一聲：啊呀我的天哪！我的艷陽天！我的月落烏啼霜滿天！我的無語問蒼天！我的鷄鳴早看天！我的九更天！我的奈何天！我的颸風天！我的下雨天！我的魂歸離恨天！我的……！啊呀呀！還有我的武則天哪！逗起一陣鬨笑。

近尾聲時，少女終於接受求婚，就開始討論如何刊登結婚啓事，少女說現在流行女士優先，我的名字應當放在上面；小白說，中國的傳統以男人為一家之主，我的名字應當放在上面，兩人又爭執起來了，小白說，別着急，你先吃根香蕉，休息一下再說。少女吃完香蕉，小白說，你吃了我的香蕉，我的名字應當放在上面了吧！全場爆笑如雷，久久不息；影迷求婚記，在大家的笑聲中結束。

「海洋戰鬪」訓練的高潮，是在一次沒有月光的黯夜航行途中，舉行實彈射擊，彩色的曳光彈，將耀眼的光束，從艦砲與機槍交織般掃向夜空，展現出一大片閃爍絢麗的火網，使我們眼界大開，目不暇接，久久不能忘懷。

暑期戰鬪訓練結束後，還有兩三個星期才開學，我在家裡，日夜用心思考，想寫一首詩，把「海洋戰鬪」的經驗與精神描述下來。

首先考慮用什麼做題目，海洋戰鬪離不開海，而全部活動都由海軍主導，海軍的任務是捍衛海疆，以海上作戰達成任務；艦隊出海，就如同陸軍出發空軍駕機升空，都是出擊，是軍隊向前進攻，也可說是向前進軍，海軍是在海上向前進攻，綜合起來說是在海上向前進軍，因此，題目就定為「海上進軍」。

題目決定了以後，本來想以海軍出戰的順序，從出發而海戰而勝利凱旋，但是想到夜間在海上實彈射擊的壯麗景觀，就在出發後海戰前加一個夜航，接下來在海戰中獲得勝利而凱旋，整個過程感覺上就比較完整了，可是，又覺得貿然從出發開始，太突兀，不夠自然，想在前面加一段前奏，象徵啓始，序曲就如此這般地出現了；全詩乃以序曲、出發、夜航、海戰、凱旋的次序，逐步展開。

「海洋戰鬪」的學員，有男生也有女生，所以詩中男水手女水兵，相繼出現，是叙事，也是寫實。

當年，一個甲子前，反共抗俄是最高國策，海軍出擊，總得有個假想敵，加上故國與故土之思，就寫成現在的這個樣子了。詩人寫詩，除了個人抒懷，也可以更應該涵接時代與歷史，我自己不算成熟的想法是，深遠的涵義，可盡情表達，但是最好能避免呼名道姓人身攻擊般火躁的筆法，就好像廚師做菜，可以有甜味，不要吃到糖，可以有鹹味，不可吃到鹽；我一向是抱持這個態度的，特別是在純文藝的寫作上是如此。照一般流行的說法，大概就是所謂意到筆不到吧!

為了清靜，我每晚在玉中空曠的男生宿舍長長的上鋪，在橫樑垂下的一個電燈泡的下面，匍伏在榻榻米上，寫寫改改，改改寫寫，每寫完一行兩行三行或是一節，就停下來猛刪猛改，改完重抄一遍，再看再改再抄，要重複好幾次，直到找不出刺眼的字詞或句子，讀起來流暢順口，大體上過得去了，才進入下一節；像這樣對付仇人似地，大刀闊斧，每個晚上，都要熬到深夜，才勉強寫成四節，完成五大部分中的一個部分。早晨醒來，身邊圍繞着一大片廢紙團，自己看了都不禁搖頭。

我是連續用了差不多五個整夜，才把「海上進軍」寫完，寫完以後，整天拿在手中，一讀再讀，三讀四讀五讀，一天不知要重讀多少遍，希望能找出不妥或尚可改進的地方來。

我終於發現，全詩似乎少一個引子；想到整年在海上與波浪為伍的戰士們的辛勤，為了表示感激與欽佩，同時為了自己曾與戰士們共同生活，並紀念在海上遨遊的旖旎光陰，我在全詩的前面，加了一行:「我謹以滿腔熱烈的憧憬和嚮往，獻給生活在海上的朋友們」,「海上進軍」[7]才算完成；這時，我還未滿二十歲。

學校是九月初開學的，轉眼又快到雙十節了，臺東支隊部於十月九日的晚上，在東師大禮堂，舉辦一年一度的迎新晚會，欣賞由東師話劇隊演出的三幕四場或五場的大戲。我早一兩天跟張長郡教官建議，在話劇演出前，先朗誦我的「海上進軍」，他同意了，我再將全詩，每一句的頂端，加註〈男〉、〈女〉或

---

[7] 見作者《夜之歌》頁四十五。

〈合〉，以便由男女雙聲合作朗誦。

張教官很熱心，挑選話劇隊的兩位臺柱大角，與我同班的沈以正兄，與低我們一年的何瑩瑩姊，擔綱誦詩。

禮堂內一共三大排座位，坐滿了臺東男中女中東農與東師高一的新生，耳中一片嗡嗡之聲，詩歌朗誦時，沒有擴音機，我坐在中排近禮堂中心的位置，也只大概知道朗誦到哪一段，其他的人，根本聽不清朗誦的內容；一首新寫的詩，總算推出來面世了。

「海上進軍」以當眾朗誦的方式發表以後，我怕仍有不夠完善的地方，每天在公園散步時，把全詩從頭到尾，一遍又一遍地背誦，經過相當長久的時間，自己覺得應該沒有什麼大問題了，就用稿紙仔細地謄清下來，寄給由中華文藝獎金委員會（簡稱文獎會”）主辦的刊物〈文藝創作〉，怕退稿被人發現，我故意不寫投稿人的通訊處，這應當是一九五三年年底以前的事。

稿件寄出，好像完成了一件差事，不久也就將寄稿的事淡忘了；但有時在公園散步時，偶而還會把全詩默默地背誦一次。

第二（一九五四）年普三的第二(下)學期，五月四日的中午，我剛躺下來想睡個午覺，很意外地，幾位同學一起衝進宿舍，把我從舖上拉起來，一邊說你中獎了，不等我把衣服穿好，幾個人兩邊架着我，往圖書室跑，我問中什麼獎？我又沒有買獎卷，他們說你自己看了就知道。

當年，在臺北出版的第一大報是中央日報，每天出版後空運到全省各地；報紙運到臺東，輾轉送到東師，差不多已經是中午了，性子急的同學，早就在圖書室等候當天的報紙。

五月四日那一天，「中華文藝獎金委員會四十三年度五四文藝作品獎金揭曉啓事」，就刊登在報頭的正下方，長長的一片，是最醒目的位置；同學們半推半拉地把我拖到圖書室，一把把我按在椅子上，指着報上的啓事對我說，你自己看，你自己看。

我一看才知道是文獎會的啓事，很快找到：短詩第三獎曹介甫作「海上進軍」，獎金五百元。「海上進軍」是一年前我普二（高二）暑假，參加「海洋戰鬬」訓練回來以後的習作；而文獎會是臺灣光復以來，最早的一個全國性文藝獎，我能夠得獎，實在意外。我在家信中，向父母報告僥倖得獎的事，父親的回信有句曰：「爾之獲獎，半由苦讀，半乃宿慧。」並勉勵我要繼續努力，更求進步。亦有同學對我說，這是你最有意義的畢業禮物。

五月底畢業離校，六月初在家，看到六月一日出版的第三十八期〈文藝創作〉上，刊出當年五四文藝獎金的得獎作品中，有我的「海上進軍」；仔細地讀了一遍，發現有兩處地方，與我的原作略有出入。一處是第一章第三節的第一行，我的原詩是“海洋向我們頷首微笑”，“頷首”微笑被改為“盈盈”微笑；我本來是用擬人法寫成“頷首”，讀到被改動過的詩句，立即想起古詩十九首裡的“盈盈一水間，脉脉不得語”；這一改，詩境似乎顯得活潑、涵泛多了。

另一處是第四章第四節第三行，我原來的詩句是“隆隆砲聲中殲滅了無數敵艦”，“無數”敵艦被改為”幾隻”敵艦，我直覺地認為似乎並無多大差異。按一般的習慣，“無數”被理解為大得或多得不計其數，其實，又何嘗不可以理解為不知是多少；而敵我雙方的海軍在黯夜的海上遭遇、交戰，燈火嚴格管制，艦砲互相轟擊，當年雖然已有雷達，但不如今日之普及而又先進，海空遼闊且幽暗如墨，既不能判明對方所在的準確位置，又無從精算實際的距離，更難以得知彼此軍艦的確實數量，雙方就只能朝着敵方，各盡所能全力發砲，勝負之判，通常看那一方的艦艇多與火力比對方威猛，再加一點運氣，所以，將“無數”改為“幾隻”，不能算錯，也不能算對，而“幾隻”究竟是“幾”隻呢？還是“無數”啊!只好想像評審動筆的人，極有可能是略帶保守傾向的可愛的穩健派。再聯想到李白的“白髮三千丈”與“飛流直下三千尺”兩句詩時，更難免覺得將“無數”改為“幾隻”，或多或少是可有可無的多此一「改」了。

普三的上學期，一九五三年的十月二十四日，學校派我和另外三四位同學，參加臺東各中學慶祝總統華誕的論文比賽，現場宣佈的文題是「讀書與救國」與「時代需要反共青年」，可任選一題，我選了「時代需要反共青年」[8]，這一天是星期六，兩天以後的星期一，就知道我僥倖得到第一名，在華誕特刊上，排印在第一篇。

畢業前，師範的最後一年，「試教」是課程之一。在東師附小試教時，我與同班的周來香兄及沈以正兄三人為一組；我教國文，但不會注音符號，上課時，請來香兄站在教室的最後面靠牆的地方護航。

每教一篇新課文，照例先由同學們上黑板，寫出沒有學過的生字新詞，再由其他同學在旁邊寫上注音符號，然後全班開始逐字逐詞討論、試讀；我不識注音符號，試讀時，看到來香兄搖頭，我就說不對，還有沒有人會讀？這樣試讀再試讀，直到來香兄點頭，我才下結論說，這樣讀就對了。試教這一關，

---

[8] 見作者《夜之歌》頁二〇三。

我真的是這樣「偷渡」過來的。

沒多久就是畢業考試，信能格老師有一天調侃我說，你可不能在考卷上寫新詩啊！相顧大笑，而我好像從未上過他的課。臨考那一天，見到國文科考卷上，注音符號的題目相當多，比例很重，也許那時正全力推行國語的緣故。我不懂注音符號，不知怎麼辦才好，正在一籌莫展時，監考的信能格老師搖着一把圓紙扇子，走進教室，繞了一圈以後，停在我的書桌前面，背對着我，不停的東看看西看看，雙手拿着紙扇靠在背後，我抬頭一瞄，注音試題的答案，全在上面，我立即大抄特抄，十二萬分僥倖地低空掠過畢業考這一關。事後信老師見到我，一字都沒有提。他怎麼知道我不懂注音符號呢？他怎麼會來扶我一把呢？若干年後，信老師任教臺北建國中學，我曾去拜望過他，彼此都未提往事；這能不說是人生的奇遇、妙事麼！信老師不但是我生命中的貴人，也是恩人。

畢業前，我知道師範畢業生分發就業，必須先受三個月預備士官訓練，我不但已當過兵，還在上海參加過保衛戰，就寫信到國防部，詳細說明在大陸上時，投効第二期青年軍的年月，部隊的番號與防他，以及親歷上海保衛戰始末，請求免除預備士官訓練。

國防部回信說，大陸時代士兵的紀錄，無從查考，不能免訓。我只有乖乖地隨全省各校同屆畢業的師範生，去臺中參加為期三個月的預備士官訓練。

一九五四年七月三十日早晨八點，動身赴臺中參加預備士官訓練前，我才分日計頁地，連夜把熊徵宇先生從外地朋友處幫我借來，厚厚的一本中譯〈浮士德〉，從目次到註釋一字不漏地抄完。

十三、預備士官

我在臺東師範是五月底畢業的，回家休息了一個月，六月底就前往臺中車籠埔報到，參加改制後的第一期預備士官訓練[1]，我被編入"重兵器連"。

記得在上海當兵時，迫擊砲連與重機槍連編制上各為一個連，而這時的重兵器連，裝備有迫擊砲與重機關槍，一連之內，同時具備迫擊砲與重機槍兩種火力，實戰時可以更加靈活運用，確實是一種改進。

編隊時，知道是在重兵器連，就開始擔心武器太重我吃不消，後來被編在不用揹重兵器的班，領到一枝美製三〇步槍，懸着的心才放了下來。這時，忽然想起，逃出上海之前，看到街上行進中的解放軍隊伍，由三個人把重機關槍脚架的三隻脚，放在各人肩上，像抬轎子似地，向前行進；槍身裝在脚架上，一體行動，好處是機動性比較大，尤其是在接近交戰區時，放下來就可作戰；而我們是把槍身與脚架卸開，由兩個人背負。

預備士官訓練，是為了儲備後備軍人，為期三個月，大約九十天，因為每天早餐，都有一個饅頭，大家私下開玩笑說，是來數饅頭的，九十個饅頭數完，功德也就圓滿了。

我們是剛出校門的師範生，訓練完畢就各自回鄉從事教書

---

[1] 改制前稱軍士，改制後稱士官。

生涯，不是下部隊擔任士官，是後備軍人，與現役的軍人不同，因此預備士官訓練的課目，室內的與操場上以及野外的，大體上雖然相似，但要求則不如對現役軍人所要求的那麼嚴格。

三個月訓練為期雖然不久，確也有幾件值得一記的趣事；最大的一件是訓練期中，恰逢海軍官校招考新生，高中以上畢業的學生，都有資格報名，師範在學制上與高中相等，因此師範畢業生，也就具備了投考的資格。

海軍官校招生的消息，傳到車籠埔的營區以後，好像明天就要過年似的，人人興奮得從心底爆出笑來，大家搶着排隊領表登記，再按預定的日期，由營區長官帶隊，前往臺北參加海軍官校的招生考試，我們身上穿着軍裝，來回的車費與在臺北幾天的食宿，都由軍方負擔；與我同時受預備士官訓練的同學，幾乎全體都報名參加了，大家心裡有數，報考海軍官校，只是藉口，找個放公假的機會，才是全體熱烈報考的真實原因。

我們以報考海軍官校為名，堂而皇之的為自己放幾天假，還到臺北逛了一趟，營裡的各級長官，何嘗看不透我們的把戲，只是大家心懷善意不予拆穿罷了。

有一次打野外，部隊散開，列兵各自攻擊前進，快要收操時，走過一個農家的後園，看到一棵石榴樹上，掛滿了拳頭般大紅鼓鼓的石榴，有的已十分成熟，裂開了大嘴，一排排一粒拉亮紅耀眼的榴子，令我驚艷不已。自從逃家當兵以來，已好幾年沒有嚐過石榴甜中帶酸的美味了；返轉身，四顧無人，一念閃過腦海：如不及時順手摘之，恐怕難再有此良機；說時遲，那時快，一伸胳臂，手到榴來，做了一次樹下（不是樑上）君子。

三個月的預備士官訓練，轉眼結束，結訓典禮後，領到一張預備士官適任證書，第四度的從軍之行[2]，於焉結束，準備到分發的國民小學，毀（誨）人去了。

[2] 參加青年軍是第一度，離開兒童教養所回部隊是第二度，逃離上海到小洋山，投效東南人民反共救國軍是第三度,應徵接受預備士官訓練是第四度。

十四、五年孩子王

我服務的第一個學校，是臺北縣金山鄉的中角國民小學，在淡水到基隆的環海公路線上，從中點的金山到稍稍偏西的中角，汽車行程不到十分鐘，有公路局班車通往金山與東西兩端的基隆與淡水，也可由金山搭公路局班車，向南前往陽明山，交通還算方便。

中角國校是成立不久的小學校，幾間教室，建在靠近公路邊的山腳斜坡上，學生的人數也不多；十一月初，差不多與我同時前往報到的，是東師同屆畢業的吳家直兄，學校的位置雖然相當僻遠，感覺上却並不十分孤單。

工作才兩個多月，就放寒假了，我回玉里，過完年再回學校；開學以後，我因為想升大學，需要補習高中的部分課程，就請調臺北市附近臺北縣的國民小學，以便到市內上補習班，準備考大學。

暑假來臨前，我得到通知，新學年（暑假後）調新莊鎮新莊國民小學。我在中角服務不滿一年，就要告別，面對新認識的許多同事與學生，心中有些不捨，為了前途，也只得硬着心腸說再見了。

學校的坡下，隔一條馬路，近海邊的地方，是個小漁村，一個人家的漁家女，長得相當秀氣，面色白裡透紅，天真淳樸，沒有都市小姐的嬌態，大家時常見面，相處得都頗熟稔；我看到社區週遭，合適的人選不多，離開中角時，對家直兄說，如果你在中角繼續工作，三年服務期滿，我保證你會和她結婚。

我調到新莊還不滿一年，接到家直兄來信說，你的預言實現了，沒有等到三年；我專程去金山喝他們的喜酒，祝他們早生貴子；在基隆服務的同屆同學初同海兄，也趕來祝賀他們新婚，大家共享許多喜氣，都十分快樂。

新莊在三重市的南邊，進出臺北市區，都要經過三重，這時，夏大哥一家，正好住在三重，我初到新莊時，住處尚未安頓好，曾在夏大哥家寄住過一兩個星期。

新莊國小是臺北縣新莊鎮的中心小學，在新莊鎮內，規模最大，學生也最多，除了本校，還有分校；全校六個年級，每一年級都有五個班或六個班，每一個年級五六位老師的書桌，兩兩相對，各組成一個長方形，按六、五、四年級的次序，從左到右，排成一橫排，三、二、一年級，排成第二個橫排，結果是六年級老師的六張書桌，放在辦公室的左前方，一年級老師的六張書桌，放在辦公室的右後方。我是最晚也是最新到校的老師，被派到頭前分校教一年級，我的書桌放在六張書桌的末尾，就整個辦公室來看，我是坐在最右後方角落的位置，一抬頭，就可以看到辦公室全景。

一年級的六位老師，除了我以外，全都是女性。我對面坐的一位女老師，相當漂亮，氣質文靜，是人們公認的新莊之花；我是分校一年級的老師，因為新到，排名最後，按照名次，正好被指定坐在她的對面，她則背對着辦公室。大家都以為我近水樓臺了，而我實際上志不在此，全心全意想的是讀大學。美女當前，不可能視而不見，我只能用一個三十年代的電影明星的名字：「顧而已」，看看罷了，概述我當時的心態；雖然坐得很近又面對面，却沒有想採取任何行動，平時相見，除了禮貌上的問候，彼此話都不多。

我的態度，說得上很保守了；可能因為我佔了出人意外的地利之優勢，雖然未加利用，却引發一兩位教五、六年級未婚男老師的胃酸過多，常常故意當我面一唱一和，說些又像暗示又像諷刺不痛不癢隱隱約約的瘋話，還針對這位女老師提名道姓地評頭論足，我都裝着聽沒有懂或不知其所云。當時，我幾乎可以確實認定，這一兩位仁兄，很有可能在我到校以前，早已碰過釘子；而如今，只能"遠望"而不可"近觀"的葡萄，比以往更酸了。

如果說我面對這位美女，絲毫未曾動心，則又不盡然，但也只是心動，未有行動。

我是一九五五年九月初，開始在新莊服務的，一個月後的十月九日，我已私下為這位對桌而坐的美女寫了一首詩:〈影子〉[1]，我不可能告訴她，別人當然也無從知道；直到第二（一九五六）年的一月，我與同校的秦松老師等詩友，創辦的〈明天詩訊〉出刊，才將全詩披露。我在詩中，稱她是"對岸一位娟倩的女郎"，把"對桌"寫成"對岸"，也沒有向任何人透露，這女郎是誰。

從〈影子〉開始，我一共為他寫過十首詩，有些是出自詩人的幻想，有些來自偶然或意外的邂逅，例如有一個晚上，大約八、九點鐘光景，在臺北市延平北路第一劇場對街的人行道上，不期而遇，我只淡淡地問了一句，這麼晚還來逛街啊！她有些不知所措慌慌然地說，我來會妹妹的，我在找電話亭，我

1 見作者《夜之歌》頁八十四。

就要回去了，似乎在閃躲什麼，又好像在規避什麼，邊說邊走，說完人就不見了，我掌握住這分秒之間的微妙印象，以〈邂逅〉與〈我要回去〉[2]為題，又為她寫了兩首詩；當然，她是不會知道的。

後來，我用為她寫的十首詩的詩題，混串起來，寫成兩節八行的一首短詩〈憧憬與繫念〉[3]以後，為美人暗中寫詩的地下活動終於停止了。

對詩人而言，美女與美景，都是靈感泉源的觸媒；美女沒有定義，隨各人的主觀，可以有截然不同的理解；而所謂美景，就更包羅萬象了，不僅風和日麗是美景，對我個人而言，炎夏寒冬、風雨雷電、霜晨月夜、地震潮汐、陰晴變幻，都是各種可愛的不同的美景，因此，我真的從心底喜歡宇宙間所有莫測的氣象與風景，不但欣賞、享受它，還都可以成為入詩的素材；否則，如果只喜歡少數自認為美的景色，從年頭到年尾，快樂的時光，豈不很有限了。

秦松在新莊，教高年級的美術，原先住在學校大門內側，一棟單户的宿舍，後來，搬到學校最後面，操場的旁邊，一間廢棄的大教室，用書櫥與布幔隔成幾個單元，和我與劉日耀老師等人，各佔一方，同住了將近三年；他能畫能詩，是頗有文名的青年詩人畫家，他專攻板畫，得過巴西聖保羅國際藝展的大獎，我見他尋找合適的木刻用版，相當不易，曾有一兩次，白天巡視各個教室，相中教室裡學生書桌的桌面，大小合用，木紋平順細緻，沒有結疤的，乘夜深人靜時，硬扳了下來，拿

---

[2] 見作者《夜之歌》頁八十八及頁八十九。

[3] 見作者《夜之歌》頁九十七。

給他，他也欣然接受。

我到新莊以後，認識了愛詩的秦松，引為知交，常常談詩論文；他是臺北師範藝術科畢業的，一畢業就在新莊教書，在大臺北地區時間已久，文藝界的朋友也多，我們談詩，談得起勁，就考慮結合詩友，組成詩社，出版詩刊。

首先想到的是詩社的名稱，因為秦松是詩人兼畫家，我提議不採單純的詩社，稱為藝文社，以示兼容並蓄；又因當年流行超現實的詩風思潮，一切向前看，展望將來，我提議用”明天”為名，成立〈明天藝文社〉，詩刊則定名為〈明天詩訊〉，他立表贊同；這是我們二人在新莊初步議定的，後來也得到各地加盟的詩友們的接納。

〈明天詩訊〉是百分之百的“同仁”詩刊，由詩友輪流主編，用刻鋼板的方式，每月出版一期，每期油印四頁或六頁，十六開本，出版後也只在同仁間傳閱、觀摩，未曾公開發行。根據詩友麥穗兄在他的詩史鉅著〈詩空的雲烟〉中所載，〈明天詩訊〉一共出版了八期，第一期到第七期各期的主編，依次為秦松（一）、寒星（二）、李如億（三）、麥穗（四）、季予（五）、丁穎（六）、吳望堯（七），第八期為何人所編，已無法查考，除了上列七位，還有余靜和葛逸凡，再加上秦松的尊翁老詩人秦嶺，一共十位詩友。

臺灣的詩刊，最早的要數四十三（一九五四）年出版的〈青蘋果〉雙週刋和〈新詩〉週刊兩種，其次就是四十五（一九五六）年一月出版的〈明天詩訊〉了；同年一月十五日，老詩人紀弦發起的「現代派」創立，到一九五八年元旦，才推出第一期〈現代詩訊〉，那以後，幾乎歷年不斷有詩刊或詩訊出現，詩壇熱鬧非凡，仔細排比下來，〈明天詩訊〉還真不是後起之秀呢！

一九五六年的六月，臺北縣寫作協會，為慶祝七月二日成立一週年，在救國團北縣支隊部的協助下，請秦松主持創辦一個文藝刊物，以便利青年學生發表文學作品；他回來同我商量，我覺得文藝刊物已經很多了，這是一個新出現的園地，而且主要是鼓勵中學生——文學的新手投稿用的，就建議以〈文藝新地〉為刊物的名稱，他即表贊同，又說，一事不煩二主，要我代撰一篇發刊詞，我就寫了一篇〈創刊的話〉給他。後來，一九七一年我出詩文集〈夜之歌〉初版時，將〈創刊的話〉開始的四段拿來，加個〈論文藝〉[4]的題目，作為書中的一篇，因為這四段文字雖不多，但確是我個人對文藝粗淺的認識與理解。

我請調新莊服務的目的，是為了就近到臺北市內，上補習班，準備高中的課程，以便三年服務期滿，參加一年只有一次的大專聯合招生考試。

最先補習的是英文，我從周一到周五，每天放學後，搭公路局班車，到臺北火車站旁的公路局西站，再改乘市內公共汽車，到杭州南路，上威廉英語補習班，相當時間後，改往省立臺北第二女子中學附近的美爾頓英語補習班充電；此外，臺北火車站前館前街上的建國補習班和羅斯福路的志成補習班，我亦曾孝敬過不少銀子。

建國與志成，是專為投考大專的人而設，為甲乙丙三組考生，各別重點加強高中的課程；我是準備投考乙組的，應考的六個科目中，國文、歷史、地理、三民主義、英文，大體上可以自修，唯有數學一科，是我的難關。一九五七年我服務滿三年，可以參加大專聯考了，明知上榜無望，應考的權利，不甘

---

[4] 見作者《夜之歌》頁二〇五。

輕棄，寧願浪擲報名費，必須做過，絕不錯過，得點經驗也好；考是孜了，數學捧了個大鴨蛋，按規定，只要有一科得“零”分，其他五科，即使都考滿分總分得五百分，也無緣進入大學之門，我硬是做了一次“陪考”壯士。

第一次投考未能成功，知道軟肋所在，就全力加强數學。補習班是為已讀完高中或高中應屆畢業生，重點重溫各科課程，不是從頭教起，對我這個從小為算術挨打，沒有從初中、高中一路循序而上學習數學的人而言，跳躍式的重點補（複）習，不是似曾相識，就是不知其然，更不要說所以然了，似乎學到一點，又似乎在雲霧中摸索；轉眼一年容易過，又是報考時節，憑藉旺勝的企圖心，再報名參加考試，第二度闖關，數學已見進步，打破了鴨蛋，得了“個”位數的分數，但其他五科，我不可能考五百分，名字又一次落在孫山之後，光榮失敗。

大專聯考是在暑假舉行的，考完放榜後，新學年又開始了，開學的第一天，校長徐海勝先生，在大辦公室，當着許多老師面前，要我接任五年級班導師，我知道以後就可以跟班上，教六年級，等學生畢業了，再回頭教五年級，學校當時就是這個情況，教高班（五、六年級）的人，週而復始，總是教高班，形成了一個固定的小圈圈，校長對他們似乎也無可奈何，他要我去教五年級，大概也是想打破這個不是傳統的傳統，而我一心想讀大學，不願教升學班，就說我想繼續教中低年級，徐校長想不到我會拒絕他的好意，立刻怒容滿面，眼睛睜得好大；我還是說不想教高班，他也只好無可奈何地不了了之。

當年，小學升初中，競爭異常激烈，各小學為拉高升學率，都在五六年級下功夫，除了正常的上課，一清早學生就提前到校，參加早自習，下午放學後，學生回家吃過晚飯，再到學校參加當天的補習與測驗，很晚才能回家休息；週末，再回學校，上“補習”課，所謂補習，就是重複每天及一週教過的課程，密集地考試再考試，要學生强記課程內容，一次再一次，為了萬無一失，同樣一個問題，這一次以填充題的面目出現，下一次，可能變成了問答題或是非題，任何方式的考題都難不倒，絕不容有漏網之題。這樣的做法，既不符合教育原理，剝奪了童年生活的樂趣，也妨礙少年兒童的健康成長；但是，可憐天下父母心，一家一家，盼望子女成龍成鳳心切，明知不妥，也顧不了許多，還是讓子女參加補習，雖然政府三令五申地禁止，奈何學校擔不起升學率落後的責任，家長更不願子女輸在起跑點上，未戰先退，所謂的惡性補習，就永遠累禁而不止，整個的社會，惡惡而不能去，直到一九六八年，教育制度大改革，將國民義務教育，從六年延長到十二年，亦就是將以往小學六年的義務教育，展延到高中畢業，跳過升初中與升高中兩關，所謂的惡性補習，才得以稍加戢止；事實上，這一類型的補習，並未完全消除，而是由地上轉入地下，改為在老師家或學生家的私人補習。

教高年級的老師起早帶晚，外加週末，為學生補習，工作量可能超過正常的上班，但也不是白辛苦的；學生補習得繳補習費，對老師而言，是一筆額外的但也相當可觀的收入，已教高班的老師自然不願白白放棄，想教高班的，往往不得其門而入；因此，當徐校長要我教高班，被我冷冷地一再拒絕，他一定大惑不解，送上門可以增加收入的機會你不要，為什麼？其他老師一定也難以理解，別人求之不得，你竟然拒絕接受！正在教高班的老師們則暗中窃喜，少一個校長指派的競爭者，欣幸又釋然，但也難以會意我為何如此不識好歹！只有我自己明白，我心中日夜念念不忘的鴻鵠是大學的入學許可，再有多少錢也換不來的！那是我剛進師範時早已立定的志向，我不明說，他們焉能知道我志不在此（錢）呢？

如果說我當時不需要錢，也不切實際。我們幾個單身的男老師，合請一位隣居老太太，幫我們洗衣煮飯，是一筆固定的開支；此外，自從我到新莊服務，每天課後進臺北市上補習班，要繳可觀的學費，從新莊到臺北的公路車票，市內的公共汽車票，因為不是正規的學生，都不能享受優待價的學生票，這幾項加在一起，負擔相當沉重，不但是名實相符的月光族，而且連年月月虧空，怎麼辦？上蒼仁慈，天無絕人之路，可愛的臺灣省教育會，為濟助教育同仁的燃眉之急，設低息（亦可能是無息，記不清了）貸款，以月薪總額為貸款上限，我就每隔一兩個月，去貸一次款，以資週轉，教育會設在中山堂後面樓上的貸款部，我成了他的常客。

談到錢，想起一段妙事。當年薪津的發放，不像現在直接劃撥到每人的賬户，而是由出納人員，每月從縣政府領出大筆現金，再按各人所得，一個個點數清楚，裝入特製的薪水袋，寫明姓名與金額，月底或月初，發薪時間一到，老師們就排隊，一個接一個領薪；領到以後，許多人立刻就地當着出納的面，一五一十地清點起來，怕萬一出納點算錯誤，一家大小，整月的生活費用都靠它，被少算了怎麼辦？因此，都當場點算，大家也習以為常了；我則覺得當着出納的面數錢，多不好意思，而且也非常不瀟灑，因此，我領到薪水以後，馬上往口袋裡一塞，轉身就走；亦曾有同事問我，怎麼不數一數，我說他不會騙我一個人，所以，始終沒有當出納的面數過鈔票。

参加兩次大專聯考，都因數學不濟敗下陣來，東師同班畢業已在師大攻英語的張庭國兄，知道我為數學苦惱，就告訴我臺東中學有位數學名師柯慶祥先生，盛名遠播，臺北的幾個大補習班，都想邀請他北上助陣，如果他現在臺北就方便多了；我想如果不徹底加强數學，今生想讀大學恐怕無望了，天下既有名師，他不在臺北，我何不前往臺東去求教呢！

幾經考慮，終於決定，學期結束，一放寒假，就去臺東補習數學。我亦想到，再參加聯考，考取最好，萬一考不取，我還要繼續工作，因此不能辭職，何況我在臺東還需要生活費和補習費，因此就以神精衰弱為名，請了半年的病假，名義上是養病。

臺東是我的舊遊之地，懋鉌先生家正好有兩三位福州的單身同鄉寄住，我參加了他們一伙，晚上，在一個鋪滿榻榻米的日式房間內各佔一個位置，每星期三個晚上，補習數學，白天，就在臺東圖書館的閱覽室溫書做數學習題，此外，幾份大報是每天必看的，偶而也會借一點閒書，調濟調濟。

庭國兄第一次帶我到柯老師家，老師一見面就對我說：「久仰大名，如雷灌耳」。我一聽就知道他指的是我東師畢業前得到文藝獎金的事，來得太突然，太出乎意料之外，覺得很不好意思，因為老師對學生，用這樣的口吻說話，非常非常少見，也是太少這樣的可能的。

柯老師知道我補習數學，是為了應付大專聯考，告訴我代數所佔分量較重，題目也較多，學起來不算難，比較容易得分，就專教我大代數；柯老師教數學，解起題來，舉重若輕，一目瞭然，我自己也覺得，確實”懂”了一些，直到聯考前夕，大代數尚未教完，考試當前，也只有勉力上陣一搏了。

大專聯考東部的考場在花蓮，我記得第一天考完走出試場，在大街上，我邊走邊唱，同行的考生問我，才考完第一天，還有兩天呢！你高興什麼？我說我有大學唸了；放榜後知道果然中了。

我在大街上唱歌，不是沒有理由的，因為我的要害在數學，考完覺得，不但會打破鴨蛋，而且得分自信可以晋入二位數，豈能不高興得邊走邊唱呢！

實際的情況是這樣的：拿到數學的考卷以後，從最前面的代數做起，第一題解到一半，解不下去了，着手解第二題，也是解到一半就卡住了，心裡有點着急，再解第三題，解到中途，又解不下去了，我想一題都解不完，怎麼辦？以姑且一試的心情，回頭重解第一題，試了再試，解了，我怕靠不住，重複驗算了三四次，確定對了，信心開始增長，再試第二題，又解了，驗算也無誤，信心再增，試第三題，驗算也正確，信心更強，馬上向第四題進攻，進展得相當順利，眼看又要解答一題，還沒來得及高興，下課的鐘聲響了，不情不願地繳上考卷，但心裡是踏實的，真是所謂得失寸心知。

大專聯考放榜後不久，收到成績單，數學 34 分，答對三題半不到；也許因為總分不夠高，被分發到有百年校史的東吳大學政治系，再一想師範讀的是臺“東” 師範，大學又進了“東”吳大學，跟東字真有緣呢！我冷靜檢討，能僥倖擠進大學的窄門，完全依仗柯老師為我補習的大代數，柯老師也是我生命中的貴人。好人不會寂寞，超人的才智想隱藏起來都不可能，柯老師後來還是被一家大補習班挖角，禮聘到臺北任教，全家住在羅斯福路，我曾專誠到他府上，再次當面懇謝他賜予教誨。

十五、東吳憶往

收到東吳大學的入學通知書，大學的校門總算踏進，可以做新鮮人了，但這個門不是好進的。通過大專聯考，只具備了進門的資格，要想登堂入（教）室，還有一大關口——學費。
我的父親是公教人員，一家五六個人，父親的收入，僅够糊口；而我在新莊國小服務的四、五年間，為了准備大專聯考上補習班，經常要搭公路局班車進出臺北市區，還要乘市內的公共汽車，才能到補習班上課。

補習班不是正規學校，沒有減價的學生優待票，因此，幾乎連年累月的公路局與市公共汽車票，成了我固定的重要支出；上補習班繳學費，買參考書，也需要錢。

我住的是學校的空教室，不能領房租津貼；和幾位單身老師合雇一位老太太，幫大家洗衣煮飯，要付工資；而我初出校門，收入偏低，固定支出特多，那幾年，沒有過一天寬鬆的日子，常常青黃不及，就向臺灣省教育會告貸，一年總得貸個幾次。雖然說一人吃飽全家不餓，但連一分錢的積蓄都沒有。

考進大學，白天上課，書沒法教了，收入毫無，連三餐都要發生問題，哪裡有錢繳學費？也有關心我的親友對我說，你沒有錢，學費又這麼貴，怎麼唸？不如等明年考個公立大學再唸吧！我聽在耳裡，知道都是好意，道理也是對的，不便當面表示什麼，靜下來想想，我考進大學算得上萬難了，明年再考，根本沒有把握一定考得上，何況還想考進錄取分數比較高的公立大學；更重要的是，我逃家當兵，已荒廢幾年，教書又耗掉五年，沒有理由再等了，可是沒有法子籌到一點點學費，怎麼辦呢！？

我面臨開學在即，而學費無着的“落難”當口，壓子姐姐（表姐吳鍾祺）跟我說，葉二姨媽要你去見她。我去了，二姨媽一見面就遞給我迫切需要的二千元，够我繳學費了，心中的感激，不知如何表達，只輕輕地說了一聲謝謝姨媽。以後，每到開學前夕，二姨媽都會託人通知我去見她，四年八個學期，二姨媽一手培植我順利讀完了大學。寫到這裡，我的熱淚忍不住奪眶而出；謹以至誠祝願姨媽在天家永恒安息。

學費繳了，可以上課了，生活費呢？我申請到工讀生的名額，每天下午放學以後，打掃兩間教室，一掃就掃了四年，基本的民生問題，算是勉强解決了。與我同時打掃教室的，還有高我一屆同系的林治平兄與中文系的張曉風姊；有一天，治平兄快馬加鞭，打掃完兩間教室以後，忙不迭地趕來，幫曉風姊掃她的兩間，被我無意中偶然發現了，調侃治平兄說，你對打掃教室那麼有興趣，我的兩間以後也讓給你來掃吧！他透過厚厚的鏡片對我一瞪，狠狠地說，哼！你想得美呢！逗得我們三人忍不住同時笑出聲來。

在我進入大學的那一年，臺灣省教育廳，為了緩解全省教育人員子女讀大學高額學費的壓力，開始舉辦助學貸金，等畢業以後，分期無息償還：凡是讀完一年大學的人，可用全學年的成績單去報名，參加考試、甄選。考試則倣照大專聯考的方式，分成甲乙丙三組，在全省設幾個考區，考試的內容，就如同大專聯考。

我剛進大學，未讀完一年，不能報考；我又想到考試的內容，是倣照大專入學考試，例如一個中文系讀完三年的人，如想得到助學貸金，就必須重溫大專聯考乙組規定的科目如英文、數學等科，參加考試，實在說不出有什麼必要或理由。我認為教育廳如果決心濟助教育同仁的燃眉之急，就應當准許通過大專聯考獲得入學資格的人申請，以後每年憑上一學年的成績單，不必經過考試，即准許申請助學貸金。三年或四年以後，貸出的助學金，不斷收回，應可納入正常的收放循環。

為了教育同仁的子弟，即時獲得助學貸金的實惠，即使酌收若干利息，相信也是教育同仁所樂於接受的。如能廢除考試，也可省却辦事人員出題、閱卷、印刷、全省設考場以及出差加班等額外的經費、煩勞和辛苦。

我把想到的以上各點，於四十八年十二月十九日，綜合起來，寫了一封長信，題名：「一個教育人員子弟給劉廳長的信」[1]（廳長是名教育家劉真先生），署名：「自由中國」一讀者敬上，寄給當年頗具影響力的〈自由中國〉雜誌，在第二十二卷第一期四十一頁的"讀者投書"欄刊出，佔了剛好一整頁。

我在信的最後一段，是這樣寫的：「我是教育人員子女，已深深感受到經濟的威脅，相信像我一樣的人還有很多；所以，我才冒昧地把我所見到的一鱗半爪，向您提出坦誠的報告。希望能得到您的同情和援助，並請儘速賜予具體答覆。幸甚！此頌公綏」。我的投書是刊出了，一直未能等到任何回應。

東吳大學是一九〇〇年在江蘇省蘇州市，由前美國基督教

---

[1] 見四十九年〈自由中國〉第廿二卷第一期頁四十一。作者《夜之歌》頁二〇八。

監理公會（衛理公會之前身）創立的名校；我入學時，在臺正式復校才五、六年。臺北士林外雙溪畔的新校區，背依一脈山巒，前方不遠可見溪流；近山脚處，座南朝北，一座高高大大端端正正橫四方形教學兼辦公的大樓，樓前接一段臺階，形成主要校舍；大樓左後方山上，一排高高的女生宿舍，女生宿舍前方，一大間專供禮拜或演講用的光道廳。教學大樓右側，一座南北縱走屋頂呈圓筒形的活動中心，內有圖書室、健身房、餐廳等設施；活動中心再向右，一排朝西的男生宿舍樓宇。教學大樓的前面，一大片橫長形的空地，被規劃成足球場，徑賽用的多線跑道，環繞球場一週；再向前去，足下就是外雙溪的溪流了。

我於四十八（1959）年秋季入學，開學典禮與新生訓練，是借用新生南路衛理公會大禮堂舉行的；典禮完畢，走出大門，一個穿黃卡其布裙裝制服的窈窕背影，在眼前掠過，美極了，令人有驚艷之感，怕交臂失之，將來尋覓不易，立即加緊步伐，從側方超前，看清面貌，果然氣質不凡。

正式上課以後，我就到各系一年級的教室，一間一間，仔細搜索，終於在經濟系的教室內發現了她。為了與她接近，還旁聽了林文奎教授的「經濟地理」，因為我是在林老師的課堂上找到她的，她當然不知道我的動機，却也沒有機會和她交談；班上的其他同學，都以為我對這門課有興趣。

在〈經濟地理〉的課堂上，我與林老師偶有互動，例如有一次，林老師問清朝的歷史共有多少年，等了許多秒鐘，無人回答，我忍不住了，脫口說二百六十八年；因此課後常與林老師接觸，也曾到他府上請益。

林老師是通才型的學者，課堂上天南地北上下古今，無所不談；我還曾請他幫我算命批八字，在他家的客廳裡，林老師為我解說運程與流年，記得他曾特別指明地說，你將來出洋留學，不用自家出錢的。當年的大學生，都視出洋鍍金，是更上層樓，社會上一般人也嚮往”出國運”。我聽到可以免費留學，也就是聽聽罷了，並未當真，萬萬料不到，畢業後不到十年，我竟然真的近乎免費地飛美進修了。

一九六〇年的夏天，也就是我讀完大一的暑假，一天黃昏左右，與同班的周山一兄，由南往北，徒步前往芝山岩，將近復興橋時，一輛公路局的班車，從陽明山麓越橋迎面而來，從我們的左側，急驟地飛馳而過，我似乎看到她，穿綠色上衣，坐在車內靠窗的位置，立即反轉身來行注目禮；奇巧不過，她竟然同時探身窗外回顧。

這一段難以名狀的奇遇，潛藏在我的心靈深處，久久久久。在一個不知名的夜夢中，車內車外，相互凝視的情境，似真似幻地再度映現了；夢醒以後，無法自己，立即誌之以兩節八行的小詩〈夢〉[2]，詩前加一段引言，略述始末。

〈夢〉在校刊〈東吳〉發表時，用的是筆名”可春”，居然被高我一屆中文系的黃永武兄查出作者是我，對我說，你害人不淺，你的〈夢〉刊出以後，女生宿舍（暫借衛理公會在陽明山的房舍）裡鬧翻了天，都在清查什麼人有綠色的上衣；因為他的女友當時住校，因而知道消息。我聽了也只笑而不答。

第二年的四月二十七日期中考試，下午兩、三點鐘光景，我考完就去圖書室，借了幾本書，慢悠悠地邊走邊看，走過教學大樓，向學校大門走去，忽然發現一位穿黑色上衣長褲的女

[2] 見作者《夜之歌》頁一〇〇。

士，掠過我的左側，匆匆向前走去，在距離我大約十幾二十步的地方，忽然停步，轉過身來，回顧了不知幾分之幾秒，剎那之間，我驚覺她就是去年公路局班車上的綠衣女郎，還未完全會過意來，她已繼續向前，趕她的路了。

我已完全被攪亂，追憶着伊人轉身回顧的那一盼，無法集中心神做任何事，磨呀磨的，當夜磨出了一首詩〈距離〉[3]。為了接近她，常參加她們系裡的旅遊，有一次暢遊陽明山歸來，還寫了〈草山行〉[4]等詩，聊寄幽懷。

當年亦有傳說，他們系裡一個家境富裕的助教，曾開私家車到學校，想送她回家，被拒絕了；我聽到時立予肯定，認為這才是想像中她該有的反應，也正符合她超逸的氣質。

大一的暑假，重溫沙學浚教授著的〈中國文化與中國人〉；書的體積比一般書小些，談的却是涉及古今中國文化的大問題，激發了我不吐不快的澎湃思潮，就利用積累的讀書札記及報章雜誌剪存的資料，寫了一篇討論中國文化問題的「中國文化的過去現在與將來」[5]，在校刊〈東吳〉四卷二期與四卷三期上發表；比我低一屆中文系的章孝慈兄讀後，跟我討論作文的方法。我說我也不知道文章該怎麼寫才比較好，我自己是從練習造句開始的，如果每一個句子，都能把自己的想法，完整適切地表達出來，一段文字就應該差不多了，如果每一段都過得去，整篇的文章，也就可以無大礙了。我怕這樣解說還不夠清晰，就建議他讀徐道鄰教授的〈語意學概要〉。

---

[3] 見作者《夜之歌》頁一〇一。

[4] 見作者《夜之歌》頁一〇五。

[5] 見作者《夜之歌》頁二一六。

孝慈兄東吳中文系讀完，插班法律系，畢業後赴美進修，攻法學專業，學成回國服務，是難得的青年才俊，後來榮任東吳大學校長，建樹頗多，對兩岸的學術交流，也極有貢獻，可惜英年早逝，令人不勝唏噓！

我的大學生涯，除了為親近淑女，曾在經濟系旁聽林文奎教授的「經濟地理」，還在法律系選修了洪應灶教授的「國際私法」，因為我大二起分在“國際法與外交”組，因而跨系選課；也許因為好奇心或求知慾的驅使，又曾在外國語文學系選修呂光教授的「英語演說與辯論」。

「英語演說與辯論」的課堂上，法律系主任名法學家呂光博士，不時流露才華，似乎也有點玩票的氣勢。上課不用課本，也沒有課本，他盡情揮灑，我們就埋頭猛（抄筆）記，教室內，不時爆發共鳴的笑聲，絕無冷場。

期終考試時，由我們自己，各選一篇名人的講詞，背熟，輪流上臺，用演說的方式，當眾表演。記得我選的是林肯總統的〈蓋第斯堡講詞〉，那是一篇舉世聞名的政治文獻，是讀過英文的人都耳熟能詳的；他當年在古戰場的紀念會上，匆匆講完，聽眾不知道他說了些什麼，第二天看到報紙上刊出的演說全文，才驚覺是一篇了不起的偉大演說。我不能重蹈他的覆轍，必須讓全班同學“聽”到我“說”的是什麼，特別是要讓呂老師聽清楚，因為這是“考試”。

我從“烤”架上下來以後，呂老師循例講評一番；他說講得還可以，不過其中有一個字發音不太準確（實在想不起來他當時提到的是哪一個字了）。作為考生，我只能靜靜地恭聆訓誨。下課走出教室，同班受考的章孝嚴兄對我說，你的發音沒有錯，我也只以微笑作答。我曾是“毀”（誨）人有年的教書匠，深深理解，如果學生什麼都會什麼都對了，還要老師幹啥！？

永武兄創辦〈大學詩刊〉，將我列為編輯委員之一。他升入大四時，好幾次要我接任主編，我都婉轉而堅決地辭謝了；我想，我讀政治系，如主編純文學的詩刊，有點自以為是，也有點"撈過界"的僭越之感；他後來找我同屆外文系的閻振瀛兄接棒，總算解決了我的難題。

我讀大三時，負責系刊〈政治家〉編務一年，大四應學生會的徵召，主編校刊〈東吳〉一年。〈政治家〉原來的編印方式，是沒有封面，一開始就排印文章，只在第一頁的右上角，加印火柴盒大小的一個方框，當中印紅色直排的"政治家"三個毛筆字，一旁印第 XX 期，一旁印出版年月。我覺得這樣看上去不太像一本雜誌或期刊，排印方式就略加調整，將"政治家"三個字放大，印在封面左側上方五分之二的位置，右下用小字接排"第 X 期"。右邊比較寬闊的大片空間，上面一半近中段的地方，最右側，用方體印"目錄"兩個字，然後，按所刊文章的前後，一篇篇依次用宋體與楷書相間印出文題，題下，用較小的楷書體接印作者姓名。下方，從右到左，用方體排印"東吳大學政治學會主編"，再下，用楷書體排印"中華民國五十一年 X（一／六）月出版"，作為〈政治家〉的封面。封面上，刊物名稱印紅色，目錄部份印藍色，最下面主編與出版日期印黑色，看上去似乎比較醒目些。

〈政治家〉是學生刊物，當然以刊出同學的作品為主，為了增加刊物的分量與可讀性，我主編的兩期（三、四）中，除了敦請本校教授如陳民耿、李聲庭、袁鶴翔等賜稿外，更從成書及報紙或期刊中轉載了學者名家如包華國、張其昀、梁實秋、徐道鄰、雷崧生、言曦、羅家倫、雲鶴、徐鍾珮等的鉅著或鴻譯，為〈政治家〉增色無限。

例如五十一（1962）年元旦出版的〈政治家〉第三期中，轉載的徐道鄰教授著〈寫學術文字的幾項「宜」「忌」〉，最早在我大一寫〈中國文化的過去現在與將來〉時，就曾從它獲得許多啓廸。

又如，我從徐鍾珮教授的〈英倫歸來〉全書十三章中，節錄五章，在〈政治家〉第四期刊出，也可算是一次大膽的嘗試。

轉載鴻文鉅譯，事先皆未徵求本人同意，刊出以後，就可能得到線索的，奉寄當期一冊並附函懇表歉仄與謝忱。其中，不但與徐道鄰教授通信，還曾耑赴臺中東海大學的徐府面請教益；張曉峰(其昀)教授曾以毛筆親簽的傳統華翰，邀我赴陽明山莊晤敘。前輩高風，歷歷在目，都是學生時代預想不到的經驗與收獲。

我和同班的郭廷輔兄，合租學校附近民宅改建成學生宿舍的一個房間，對角各佔一床一桌，三餐除早餐自備牛奶麵包之類的簡單食物，午晚兩餐，則在校門外山邊一個退伍軍人開的小飯店解決，有時手頭不方便，就在牆頭掛的小黑板上，用粉筆自己記賬，一餐一筆，五筆就是一個“正”字，積欠最多時，曾出現過四、五個正字；好在老板也是外省人，知道我們不會賴賬，也從不催討。

東吳有些與眾不同的“傳统”，一個是每節課由訓導處派人到各教室，站在窗外點名，一個是主要課程，每週或每兩週舉行一次小考。

我教過幾年書，考過學生無數次，所以，從來不把考試當回事，每逢第二天有小考，晚餐以後，我就哈欠連連，早早上床睡覺，而廷輔兄則埋頭苦讀，不過午夜絕不罷休；他常向同學們說，對我什麼都不服，最服我的是考試前夕，都能安心睡大覺。其實，考試的內容，都不出教科書，只要上課時仔細聽講，考試就不怕通不過了。

我喜歡看閒書，是從讀師範開始，就已養成的習慣；第二天沒有考試的晚上，我精神特佳，拿着書躺在床上看，常常看到深夜；遇到可能有用的段落，需要抄在卡片上備用，我怕一次一次起來寫卡片，太麻煩太耗時間，會影響看書的速（進）度，就向廷輔兄求助，請他在燈下用功時，手邊放一張紙，我說 3、18，他就隨手在紙上記 3-18；如此這般，幫助我看完好多本書。

我用他為我記錄的許多組數字，第二天，對照原書，查到例如第三頁第十八行，把重點摘錄到卡片上，才算完工。我肄業東吳時，寫過幾篇長文，附註動輒幾十個上百個，都是仰仗廷輔兄的大力，每思及此，感念無已。

我喜歡看書，雖然很窮，還喜歡買書，有點餘錢手就癢，不買不快。那時，臺北市牯嶺街，滿街都是舊書店，一家連一家，是我淘寶的仙境。山一兄住在南昌街親戚家，距牯嶺街甚近，有好幾次，邀他一同入山尋寶。若干年後，我飛美進修，囑託三弟霖代我送贈母校東吳大學圖書館的個人藏書，不少是從牯嶺街的滿街沙磧中淘洗出來的。後來收到東吳圖書館的致謝明信片，列明收到英文書 XXX 等多少本，中文書 XXX 等多少本，合計三百二十四本。

政治系從大二開始，分為政治、行政及國際法與外交三個組；由同學各認一組，如想進入國際法與外交組的，必須參加系內中、英文甄別考試通過，才能加入。

我讀過一個半的初一，師範三年沒有英文，不比其他同學，從初一到高三，連續唸過六年英文。我想進入國際法與外交組，又擔心英文甄別考試通不過，大一放暑假以前，跟助教聊天時，乘機探詢，英文甄別考試怎麼考，知道要寫一篇英文作文“我的祖國”。

得到了這個線索，暑假中，我姑且以“My Country”為題，草擬了一篇英文文稿，改了又改。大二開學前，參加甄別考試，英文作文題竟然是“My Country”，我就記憶所及，連默帶寫，總算繳了卷；中文考試也是作文一篇，題目已不復記憶。

考試成績公佈時，中英文成績都得菱形四邊形的，只有我一個，實在僥倖；其他合格的同學，都是正三角形；我外表不露聲色，心中則暗暗竊喜；不禁想起一句老話：凡事豫則立，不豫則廢。古人之言，不我欺也。

不記得是大二或大三那一年，學校為鼓勵同學努力讀書，創辦〈書卷獎〉，各班學年成績第一名的，發給獎金 X 百元（確數不記得了）。我們班上，王曉霓姊第一名；她領到獎金以後，我說你得這個獎，應當拿出一些錢來請客。她反駁說，獎金是我用功得來的，為什麼要請客？我說，因為我們放棄競爭，妳才能得這個獎。在同學們起鬨助興之下，曉霓同意請客，問我請什麼？我說全班每人一支冰淇淋；可是，拿來的卻是一大盒比較價廉的冰棒，我說妳真是個聰明的猶太。她一氣之下，要送冰棒的工人，換一箱冰淇淋來，一場鬧劇，在大伙的笑聲中落幕。

一九六一年的聖誕節快要到來時，與衛理公會淵源深厚的東吳大學，過節的氣氛，一天天濃厚起來，平時就熱心教會活動的治平兄與曉風姊，終於說動我，參加聖誕劇〈地上平安歸於人〉的演出；起初想讓我演牧師，排練幾次以後，覺得由我演劇中的一個畫家，可能更適合，結果我就以畫家的面目，在舞臺上亮相，過了一次戲癮，風評還不錯。不禁追憶在臺東師範讀書時，東師話劇社，不時公演幾場幾幕的大劇，名滿東臺灣，鋒頭甚健，社中臺柱，是與我同班的沈以正兄，好幾次想拉我，與他一同參加演出，都被我堅決地婉拒了。當年，我正全心全意追求詩神，日日夜夜夢想成為“詩人”，不想也不願做“戲子”；想不到幾年後讀大學，終究逃不脫，還得粉墨走上舞臺，遊戲一番，時乎！命乎！

談到演聖誕劇，想起與聖誕節有關的一個活動——報佳音。有一年的聖誕節，看到參加團契的同學，聖誕夜報佳音，第二天早晨，一個個，大包小包地，拿了許多糖果餅乾之類的回來，引起了我的好奇與興趣，第二年，我也參加了報佳音的行列，後來，學生間傳說，校牧施福林(美籍)，某日將在光道廳分發手提包，我也准時到場，坐在聽眾席，施牧師依次叫名字，被叫到的人，就走到前面去領手提包，他發手提包時，同時針對領包的人，找個理由先說幾句稱讚的話，聽到的人，會覺得牧師發手提包給他是合適的，領包的人也就理直氣壯地領包了。

政治系的老師，都是積學之士，令人欽仰；其中以教國際組織與現勢及世界政治與經濟地理的陳民耿老師印象最深。

陳老師是福州人，一口閩候腔的國語，相當動聽；容貌略顯清瞿，古雅出塵，穿一身半新不舊的淺色西服，行止之間，頗顯幾分仙風道骨的飄逸，更有一股雖千萬人吾往矣的書卷氣；課堂上，古往今來，侃侃而言，語多啓發與誘導，懇摯篤實，溢於言表，太吸引人了；我因而常到泰順街老師府上請益，拜識了詩、書、畫稱譽藝壇的師母吳語亭女士，傳統而又謙嫻的淑女；有一次，文化大學的創校人張曉峯(其昀)先生，到陳老師家，想聘師母任文大藝術系教授，師母遠遠地向老師搖手，終於辭謝了曉峯先生的邀請。師母出版親筆楷書繕寫的詩集〈語亭吟草〉時，我當仁不讓，自告奮勇地跑印刷廠與裝訂廠，吟草以倣古式穿線裝訂完成後，蒙師母親筆題贈一本，我深感榮幸，至今仍完好地珍藏在我書房內的幾架圖書之中。

大三時，陳老師的同鄉老友，旅居紐約的梁和鈞（敬錞）先生，在香港出版史學名著〈開羅會議與中國〉，寄了一本，請他評論，陳老師看完後把書交給我，鼓勵我寫，我不知天高地厚，寫了有生以來的第一篇書評：〈梁著「開羅會議與中國」讀後〉[6]。陳老師說，你年紀輕所知有限，能寫成這樣已很難得；這是一九六二年夏天的事，同年的十二月，暢流雜誌第二十六卷第九期，也刊出了這篇不算成熟的書評，我才深切感悟到陳老師嘉勉的厚意。一九六三年二月十日，香港的天文臺報，將全文轉載，更出我的意外。

陳老師伉儷，在親友同儕群中，人望至高；評史論人皆極嚴謹的梁和鈞先生，盛讚他們是”三代以上之人”，既寫實又生動，絕非虛譽。

大學生涯，匆匆易過，轉眼就是大四的寒假，我於假期中，草成一篇一萬六七千字的長文：〈從開羅到雅爾達〉[7]，在一九六三年一月第五卷第二期的“東吳”上一次刊出，佔滿整整七頁。這篇習作，一共參考了中英文的書、報、雜誌、文稿、講

[6]見作者《夜之歌》頁二二八。
[7]見作者《夜之歌》頁二三六。

詞等五十四種，附註一百一十七條。

許多年後回想起來，很可能是這篇不算成熟的習作，為我引來一次奉命作文的奇遇。

這一年的五月初，我畢業的前夕，講師陳想容小姐對我說，系主任杜光塤博士要召見我，當即約定一個晉見主任的日期。會見時主任約略告訴我，東吳大學復校以來，歷年政治系主任及教授們人事變遷的情形，以及政大東海等校政治系近年的幾位負責人，過去都曾在東吳執教等，又說東吳年刊政治系部分的一篇"簡介"，今年他不想寫了，要我根據他說的概況寫，除了他提示的，其他由我自己作主。

這雖不是課堂作業，主任既當面交代，只有勉力而為。我想，年刊上印在各系最前面，通常只占三分之一頁左右的簡介，是系主任的"專欄"，今年由我執筆，是否應以主任"文膽"的方式，作之親作之師地，說些堂而皇之的訓勉之詞；或者，以我目前學生的身分與口吻，自由發揮；幾經考慮以後，在遵照主任囑咐的系內人事變遷，兼及本系課程綱要教學目標等，帶幾分冒險嘗試的心情，以在學生的語氣，寫成了一頁半的"長"文，並且自擬了一個題目：〈政重道遠的政治系〉[8]。

文章面呈杜主任，他約略地看完一遍說，很好，現在就送到教務處給沈中仁先生，他正負責收集年刊的稿件。沈先生看到題目，滿臉狐疑地問我，你們政治系任重道遠，其他的系怎麼辦呢？我笑而不答，心中在想，怎麼拌？熱拌、涼拌，愛怎麼拌就怎麼拌吧。

無獨有偶，這一年年刊的外文系部分，系主任美籍 J. W.

[8] 見作者《夜之歌》頁二六一 ，及一九六三年〈東吳年刊〉。

Dyson 教授寫的英文簡介，比我寫的一頁半還多一兩行。其他各系，循例三分之一頁，是年年相倣名副其實的簡介。

應屆畢業生，在年刊上為系主任的專欄代筆，不敢說絕後，說它空前，可能不算太誇張。雖然只是一篇平淡的應景之作，然而對我這個行將走出校門的學生而言，是文字奇緣，也是考驗，何况這樣的妙事，一生難得碰上幾次，因而更具有紀念的意義與價值。

年刊的簡介中，除了主任交代的點點滴滴，全盤照錄外，我自由發揮在文中穿插出現的，有下列幾段：

> "現代政治學的內涵異常深廣，在實際政治的運用上，所需要的專門學識也難以勝數，半部論語已經不夠治天下了。因此，對於政治思想與政治經驗的探索與摩挲，我們一面秉承往聖先賢的豐厚遺澤，一面選擇地汲取歐美各國的精華，陶融鑄鍊，冀希能在繼往之餘，更能在政治的思想與經驗方面，肇創新的境界。
>
> 本系所設各種課程，教與學的共同憧憬，在空間的意識上，要「為天地立心，為生民立命」；在時間的意識上，要「為往聖繼絕學，為萬世開太平」。近十年來，我們確也朝著這個方向不斷地奮勉精進。
>
> 政治學是「管理眾人之事」的學問，是「以服務為目的」，以「增進人類全體之生活，創造宇宙繼起之生命」為最高理想的。世事錯綜，瞬息萬變，政治學的理論與實際，必須時相印證互謀發展，才可以使它成為因應制宜的活的學問，才可以希望它不斷演進造福人群。基於這一點認知，本系同學除了孜孜致力於學理的鑽研，而且積極從事於各種正當的課外活動。我們擁有歷次系際

辯論比賽冠軍的無上榮譽，我們一年出版兩次的系刊——〈政治家〉，是校內外最出色的學術性刊物之一，在各種競技場上，我們也有特出而優異的表現。

人生的境界與無垠的宇宙同樣地遼闊而高遠，人生的理想也如山川林野般煌燦而多姿。我們自不敢以區區業績而沾沾自喜。但是，在國家與社會的有機體裡，個人是組成的細胞，細胞的健康活潑，適足以顯示機體生命力的充沛與前途的光明。因此，個人的成就不僅附麗也是促進大我——國家民族興盛繁榮的動力，更無背於修齊治平的常道。”

簡介的最後一段，我只寫了一行：

“大矣哉，政治之為用也，有志者盍興乎來！”

我畢業以後，過了很久，一天在臺北街頭，遇到比我晚幾屆的一位同學告訴我，年刊上我奉命代筆的那篇簡介，被連續用了幾年，我聽過也就忘了，沒有放在心上。

一九七二年我赴美進修，畢業三十餘年後的二〇〇六年初夏，不知是第幾次回國探親訪友，忽然想到在畢業年刊上為系主任捉刀的事，一時興起，趕往外雙溪，在母校校史室，檢閱歷年年刊，巧遇政治系教授謝政諭博士，又在圖書館接識了館長丁原基博士，時近正午，並蒙她以便餐款待。用餐時，校史館服務的學妹，將影印的一疊“簡介”拿來；最初四年全文照刊（只改年份與當屆畢業生人數），往後每年減縮，但仍可看出源自前文，歷時大約十有五年。

席間，我提到出國時，送書給母校圖書館的陳年往事，謝博士問我還記不記得其中任何一本書的名字，似擬即時查證，我匆促間無法追憶。

回到紐約，找出東吳圖書館謝我的明信片，立即寄給丁博士，請她務必向謝博士展示，一段公案，終於了結。稍後，應丁館長徵集出版物之囑，將我珍藏的〈東吳〉、〈政治家〉、〈大學詩刊〉等寄回母校。

大四的最後一個學期開學不久，大約是三月十一二號，我的一個近親，要為我介紹她住在北投的初中女同學，那個晚上，正巧北投飄灑着霧一般的毛毛細雨，藉口我與她同去北投辦事，正巧由對方家門前經過，順便問候一聲，在她家門邊盛開的杜鵑花旁，自然而又不露形跡地為我作了禮貌上的介紹。

這位小姐，容顏清麗，氣質幽恬，是同學中的美女，我無法不動心；連夜成詩一首：〈北投之雨〉[9]，在當月出版的〈大學詩刊〉上發表以後，又用心寫了一葉”陳情表”，詩刊與信一同寄給她。

〈北投之雨〉的第一行稱她是“心靈深處的美底幻影”，她在回信中除了謝謝我的贈詩，又表示：“……不敢欣然接受你的讚美，……太多了更使我不安，……，等等”。兩年以後，重讀她的來信，百感交集，摘出信中的警句，改寫成一首詩：〈小貝的信〉[10]；這時，她已遠赴新大陸雲遊去了。

剛開始與她接觸時，因她家住在北投，父親在附近的大學任教，幻想能近水樓臺，我做了一件任何人做夢都萬萬夢想不到的事 — 主動申請參加預備軍官訓練。

我受過預備士官訓練，大學畢業，依法可以免除預備軍官訓練，為了全力爭取與她接近的機會，我向户籍所在地的宜蘭

---

[9] 見作者《夜之歌》頁一〇四　。

[10] 見作者《夜之歌》頁一一二。這位佳麗乳名小貝。

團管區，上了一紙呈文，表明即將從大學畢業，自願參加預備軍官訓練，因出身政治系，以北投的政工幹校為理想；沒多久，父親寄來國防部經宜蘭團管區轉頒所請照准的公文，我的第五度從軍之行[11]，因而確定。

當時的夢想是，在幹校受訓，努力爭取到前三名，就能留校服役，便可在北投住上一年，以求多得與佳人見面、接觸的機會。如今回想，這個夢實在太荒唐也太怪誕不經了。上千人集體受訓，尚未入伍，就先想要爭取到前三名的結業成績，並進而留校服役一年，……這不是春秋大夢麼？而半個多世紀前，我確確實實地親自做了這個稱得上荒唐的大夢。是少不更事！是色迷心竅！是異想天開！是癩蝦蟆心態！是情不自禁！是知不可為而為！是求偶心切！我想都是。

東吳的應屆畢業生，在臺北市南京東路的南京大飯店，舉行畢業舞會，我邀請這位佳麗作我的舞伴，她欣然應允。舞會的那個晚上，她從北投乘火車來，我和振瀛兄在臺北火車站迎接；但見她雲髻高梳，著白色舞裝，從扶梯冉冉而下時，雖然遠遠地才看到上半身，而儀容脫俗，宛如公主蒞臨，振瀛兄按捺不住，連聲驚呼：Noble！Noble！

四年的大學生涯，到此終於結束。

---

[11] 第一度到第四度見本書第十三章“預備士官”附註二 。

十六、預備軍官

一九六三年六月，東吳大學畢業後，暑假還未結束，就準時前往北投政工幹校報到，參加第十二期預備軍官訓練，大約兩個月的訓練結束時，各人領到派令，以政工少尉的官階，前往各軍種單位服役，隊伍將走出校門，我被叫了下來，一位軍官對我說你留校，並把我帶到校本部主管人事的單位，不多久，又來了兩位，我想我們三人大概都是留校服役的。

主辦參謀要我們寫下自己的名字，以便辦理公文，向國防部報備。我是最先進入辦公室的，因而站在裡面一些，比較靠近辦公桌，很自然地先寫名字，另外二位是滕以魯兄與劉治安兄。

後來收到的公文副本，在「案由」欄看到："預訓班第一名曹介甫等三員留校服役由"，不禁微微一驚，我究竟是第幾名結業的，從來沒有人告訴我過，很可能是因為我首先寫下名字，排在第一順位，其他二位，連續寫在我的左邊，主辦參謀擬稿時，就想當然地把我當作第一名，寫入公文，雖然沒有任何實質上的得失，却真是意外而又意外的不虞之譽；因為我確實不知道自己倒底是第幾名。當然亦有可能，主辦參謀事先已經知道我們結業成績的名次。

在校本部上班才幾天，即奉調大學部任政治系軍職助教，系主任是早期留法的但蔭蓀博士；因為系內有幾位同仁，是他在大陸政大復旦等校的學生，大家習慣稱他老師，不稱主任，我也就隨眾稱他但老師，當然也執弟子禮。

助教的工作，除了每天準時上下班，就是在主任親授的“政治學”隨堂聽課，或批改作業與試卷，此外就是負責與校本部及總教官室聯繫，或處理系內一些例行事務。

但老師是知名的學者，除了授課或開會到校，平時都在家看書，家就在學校緊鄰的文化街上，書房裡到處都是書，中、英、法文都有。系內同仁有事要與主任商量，幾乎都託我轉達，因而增加許多接觸的機會，慢慢地就熟稔起來，成了但府的常客，相處猶如家人；有一次，但老師因患青光眼，在三軍總醫院駐院開刀，雙眼蒙着紗布，行動不便，上下床都需人攙扶，我曾在病房睡沙發，陪他幾天。

但老師在師範大學兼課，有好幾次，大概是發放鐘點費的日子，事前約定，要我去師大教員休息室等他，見面以後，就帶我去吳興街吃湖州粽子，口味確是與眾不同。有一次，要請我去看當時最轟動的一部好萊塢電影，進場以後，電影才開映，他老人家就睡着了；散場時，我說你怎麼都沒有看，他說我是請你來看電影的；前輩學人，就是這麼純真親和。

但老師與但師母都是美食家，不但懂得吃，烹飪藝術，更是一流，而且非常好客，一年總有幾次，親自下厨，在家裡請系內同仁餐叙，但老師看大家吃得高興，笑得合不攏嘴，賓主同歡。

也許是見我衣著不夠光鮮，但老師還曾零星地，把大女兒孟新從美國寄給他的一些東西送給我，一邊還說我用不到這些東西。但老師前前後後送給我的東西，記得有一件當年最時髦的箭牌白襯衫，一副鑲嵌亮貝的 BUCHERER 金色袖扣，一條大花寬領帶，還有一匹純毛深色西裝料等等；當時，我曾私下頑皮地揣想，如果對但老師說，我全身上下差不多都是你送的，現在就缺一雙皮鞋了，我幾乎可以肯定，他老人家一定會送我一雙皮鞋。

後來，但家二小姐仲徵渡美留學，二老還邀我陪同去基隆送船。

我到美國以後，有好幾年，每逢春茶上市，但老師都航郵寄來給我嚐新；他晚年來美，住在佛州孟新家，我亦曾將江蘇進口甜酒醉的黃泥螺寄給他，重溫故土風味。

長者已矣，每當回憶朝夕追隨的前塵往事，不覺憮然。

與李澧先生意外重逢，就是在幹校政治系，當時他已在中央黨部工作，在幹校兼課，好像也是但老師大陸時代的學生。

助教不是坐辦公室的職務，多多少少與教、學相關，我想，總得亮一兩滴墨水才好，而這時身著軍服，雖不在前線，難免有點戎馬倥傯之感，想靜下來做研究寫文章，幾乎不可能，偶然想到大一寫的一篇談中國文化的小文，“中國文化的過去現在與將來”[1]，正巧，翻閱“復興崗學報”（幹校在北投復興崗上）時，發現陸鐵乘教授的“中國歷次文學革命簡史”內，有可用的材料，就拿來在小文裡加了一個註，看上去似乎與幹校有點關聯了。

文章投給校內發行的〈復興崗三日報〉，於一九六三年十一月二日至九日，分八天刊登完畢；令人不可思議的是，一九六五年的一月初，〈三日報〉的負責人到系裡來告訴我，拙文被政治大學國父思想研究會發行的會刊〈國父思想研究〉第七期轉

[1] 見作者《夜之歌》頁二一六。

載，還給我帶來一月一日出版的當期會刊一冊。

實際的情況是這樣的：政大借走過去一年出版的〈三日報〉，從中挑選兩篇文章，加以轉戴，一篇是〈三日報〉的社論〈二十世紀是三民主義世紀〉，印在會刊最後，倒數第二篇就是我的拙文，佔了四整頁又約三分之一頁。

這篇寫於大學一年級微不足道的小文，陰差陽錯，時來運轉，居然迷迷糊糊地一魚三吃，也實在是人生難遇難求的奇緣。

預備軍官服役一年期滿，幹校聘我為文職助教，任務照舊；唯一改變的是我遷出軍官宿舍，不穿軍服，在士林租了一個房間居住，通勤上班。

我改任文職助教還不到半年，但老師可能因為與行政部門在某些理念上相左，學者的意氣一來，辭卸了主任職務，專任教授；對我而言，並無任何變化，工作照常，師長還是師長，雖然是我高攀的忘年之交。

幹校聘請資深黨工曾在大陸擔任縣黨部書記長，現任政大三民主義（國父思想）教授的葉祖灝先生兼任系主任。主任走馬換將，自有一番調整適應的新氣象。系內有一位先生，據說是新主任的同鄉，過去平靜無奇，現在突然活躍起來，好像一夜之間通天了，人前人後，要包攬一切似的，引得人人側目。

一天，李澧先生有感而發地說了一句，這簡直是〈維持會〉嚒！別人未曾介意或沒有聽懂，我則暗暗吃驚。因為在抗日戰爭期間，被日軍佔領的淪陷區內，日軍初到之時，大家都茫無頭緒，地方上有些好事之人，主動與日軍接觸，好像佔了先機；他們雖沒有任何頭銜或職務，在情況未明人心惶惶之際，儼然成為軍民之間的橋樑，有事找他們協助，他們也會居中疏通，被統稱為〈維持會〉；說他們是漢奸，未免太嚴重，也太高估了他們，但確是非常時期的過渡現象，是我少年時代在家鄉親眼目睹的，因而印象頗深。

我非軍事院校出身，也許是因為君子好逑的浪漫情懷，主動申請入幹校服預備軍官役，起初並沒有想到會長期留校，後來因為與系主任相處甚得，而我愛好讀書，也樂於親近學者，預備軍官服役期滿，但主任要我應聘為文職助教，繼續服務，我沒有拒絕的理由；想不到改文職受聘留校才幾個月，他老人家却一怒掛冠不兼主任了。

政治系內，助教實際上是主任唯一的幕僚，綜理系內事務；新主任到職以後，我仍然按時做分內該做的事，葉主任好像沒有開課，我無需隨當聽課，也就沒有批改作業或試卷等附帶工作，只是照常上班下班，與主任幾乎沒有任何公務以外的接觸；其他的先生們，除了少數幾位軍職教官，專任或兼任，都是一年一聘的文職教員，而主任掌握續聘與否的大權，大家該如何自處自保，人人心裡有數，也可以說是各懷異胎。例如，過去開系會時，像學生在導師面前開班會，一個個談笑自若，無拘無束，隨意發言；現在則是正襟危坐，小心翼翼，偶有發言，都中規中矩，一聽就知道是場面話，也有點像在做戲。

幹校本科班第一期畢業的宗兄曹伯一博士，有一次在校園內偶然相遇，擦身而過，忽然對我說立場不要太明顯，就只說了這一句，當時還不太能完全明瞭他這句話的真實涵義；直到現在，執筆寫自己的“故事”，追憶前塵，才有點徹悟，也許，他當時可能已然聞知對我不利的風聲。

果然，暑假一到，學校通知我因人事精簡，不再續聘；我就甩一甩衣袖，瀟灑地轉往留爺處去了。

十七、宜蘭兩學期

我離開政工幹校時，父親正在宜蘭縣政府教育局任督學，介紹我到省立宜蘭農業職業學校，教綜合農業科高三甲乙兩班的國文，學校要我兼任其中一班的導師，被我婉轉地拒絕了；當時的心情是，厭惡透了與行政有關的一切，只想埋頭教書，也有點韜光養晦的意味。

為了方便，我住在校內男生宿舍的樓上，一間教室大小的空屋；住進不久，校長成天驥先生枉駕來看我，閒談中，探詢我可曾看過什麼大部頭的書？我說古人的書，零零星星看過一些，其他也沒有多談。

我教的這兩班學生都是男生，開學的第一節課，約略介紹課程的內容，教與學如何配合，以及每兩個星期作文一篇，要用毛筆寫在毛邊紙的作文簿上，我怕學生記不清楚，重複地說要帶毛筆硯臺和墨來上作文課，為了提醒大家，我故意問，毛筆硯臺知道不知道？說過我也就忘了。

後來，我發覺這兩班學生，有顯著的差異；乙班的學生，反應比較好，有問有答；甲班的學生，不管你問什麼，也不理會你用什麼方式提問，都是一問三不知，沒有一個人回應，我既稀罕又納悶，怎麼問題學生都集中到這一班來了！

我不能放棄，更不能認輸，迎接挑戰，每堂上課，像愚公移山似地，一沙一石，由點而線，由線而面；又像在暗夜的荒原，慢慢慢慢地，摸索試探，尋尋覓覓，旁敲側擊，……，終於，學生會開口回答問題了，開始舉手提問了，回答問題時也發抒意見了，慢慢地一切都恢復到常態了，這時才知道，甲班的學生比乙班的學生，活潑機靈得多，對授課的老師而言，更具挑戰性。

我還沒有完全理會轉變的前因與後果，天真可愛的孩子們，有一天出乎意料地問我，為什麼學期開始時，課堂上一問三不知？是因為我曾問他們，知不知道毛筆和硯臺？太小看人了，讀到高三，怎麼會不知道毛筆硯臺！所以全班以沉默抵制，我說現在呢，學生們笑說現在被你征服了。

也是這甲班的學生，看到報紙上，有討論李宗吾先生〈厚黑學〉的文章，問我看過〈厚黑學〉沒有，我說不但看過，我還有這本書。學生問可不可以借看一下，我說可以，但是有個條件，問我什麼條件？我說你們先找一本〈四書白話句解〉來，仔細讀完一遍以後，再來跟我借書；問我為什麼？我說〈厚黑學〉裡列舉的許多例證，都不是常態下的陳年史跡，如果你們心中沒有定見，看了以後，以為是正常現象，不辨好歹是非，學樣照做，以為得計，會一輩子受害，後患無窮；要你們先看四書，是打防疫針，知道什麼才是為人處世可大可久的正道，知所取捨；否則，不是有意害你們嗎！？學生與我，後來幾乎打成一片，他們每有野餐或郊遊等活動，都會拉我去參加，相處融洽，就像一家人。

這一年，政府為維護並發揚中華傳統文化，倡導中華文化復興運動，並定為國策，全國熱烈推行。我把黎老師東方教授在報上發表的一篇，響應並鼓吹文化復興運動的大文，親自刻鋼板並印發給兩班的學生，作為補充教材，詳加講解，聊盡匹夫之責。

第一個學期還不到一半，兼課教高二英文的一位司法官，因事請假一個月，學校要我代課，進了教室才發現，全班都是女生，不覺一驚，立即想到回宜蘭前，在黎老師家便餐時，他曾提醒我，到中學教書，絕對不可以和女學生談戀愛，我說怎麼會呢！他就告訴我他留法回國，初在大學教書，就曾有女學生把私信夾在作業簿裡遞給他，要我特別當心了。

想到這裡，我馬上板起面孔充老，絕不露一絲笑容，講話也老氣橫秋起來，對全班同學說，你們現在讀的雖然是職業學校，只要努力用功，畢業以後，還是可以考大學的，我的兩個女兒，今年暑假，都同時考上大學；學生們聽了，一個個滿臉狐疑，有互相交換眼色的，有瞪大眼睛歪着嘴扮鬼臉的，有……，我都裝着看沒有見，照常上我的課。

過了幾天，在家遇見父親，就問我你還沒有結婚，怎麼上課的時候，說你的兩個女兒今年考上大學？原來是英文班的女學生，聽我說有兩個女兒今年考上大學，看我還年輕，不相信，又不敢問，就告訴了家長，家長見到我父親，探詢似地說，你真好福氣啊！兩個孫女今年同時考上大學。

隔天上課，我一本正經地對女學生說，前幾天告訴你們，我的兩個女兒今年考上大學，是真的，因為時間不多，說得不夠清楚；實際的情形是這樣的：我讀中學時，就向報紙投稿了，因而認識副刊的主編，一天在主編家，看到他一對雙胞胎的小女兒，可愛極了，就說希望將來也能有這樣兩個女兒；主編說不要等到將來，現在就可以有，我說怎麼可能？主編說就讓她們兩個做你的乾女兒呀！所以，我從中學時代，就已經有了兩個乾女兒，今年同時考上大學，前幾天告訴你們我的兩個女兒考上大學，忽忙中漏了一個字，應該是 — “乾”女兒。

學生們聽了，全班猛然笑出聲來；她們當然猜想得到，我所描述的是曹氏〈天方夜譚〉；一場因充老、說老話而引起的風波，悄然止息。

後遺症來了，兼課的司法官才消假上課，教務主任就跟我商量，說高二英文班的學生，向學校要求換老師，讓我繼續教她們英文；我大吃一驚，兼課的鐘點費非常有限，誰都不在乎，但是在學期中途，如果順應學生的要求而撤換老師，原來任課的老師，情何以堪！己所不欲勿施於人，我立即斷然嚴辭拒絕。學校後來如何處理這次”學潮”，我不得而知，也無心去打聽。

宜蘭農校，教高三國文的老師們，六、七十歲的老先生居多，在同事的一伙人中，我算是後生晚輩了，平時見面，禮尚往來，大家也都客客氣氣。其中有一位老先生，異常謙和，沒課時通常留在宿舍，躺在一座長椅上休息，椅子鋪着厚厚的墊子，腰部以上，斜斜地高起來，夜晚睡覺，也睡在椅子上。

這位老先生，軍人出身，據他告訴我，曾參加北伐與抗戰，是副總統陳誠將軍多年的老部下，單身一人，退役後無事可做，副總統就安排他來宜農教書，由於從小讀私塾，文言文尚可應付，就這樣一年年教下來了。

我十四歲不到，就棄學投身軍旅，上過火線，親歷血戰，對於久歷戎行出入戰陣的軍中前輩，從心底有一種說不出的親切感，因而得便時，常去探望這位老先生，陪他聊天。

有一天，我在校長室，坐在辦公桌前面的沙發上，和校長閒聊一些無關緊要的小事，我的背後，是阻隔校長室入口的一大片屏風；忽然間，一群鬧鬨鬨的學生要見校長，被擋在門外；校長走出去見他們，知道是現任班導師離校，校方發佈告聘一位軍訓教官兼任導師，學生不願接受，保證遵守校規，決不鬧事，寧願沒有導師，就是不要教官兼他們的導師；校長說政府法令規定，每班都必須有一位導師；學生說，如果非有導師不可，我們要求請曹老師來做我們的導師。

聽到這裡，我無法不出去面對學生了，一看，都是我甲班的學生；我對學生們說，學校公告的人事命令，是一定不能收回的，以後還是由教官兼任你們的導師，好在我們每天上課都要見面，有任何事和學校聯繫，可以由我來幫你們轉達，和擔任你們的導師不是一樣嗎？學生拒絕教官兼任導師的鬧劇，順利落幕。

正當我閉門思過似地在宜農教書，忽然有謠言在校內流傳，說我反對文化復興運動，不久就傳到我的耳朵裡來了，微微一驚，但並不害怕，因為我並沒有反對文化復興運動。

文化復興運動，是正在全國推行的國策，依當時的法制，反對國策，輕則可能坐牢，重則也許還會腦袋搬家；謠言從何而起呢？很快就被我探聽出來了，是一位同時教高三國文的老先生散佈的。

散佈謠言的這位老先生，我當然認識，平時除了見面點頭招呼，好像沒有說過幾句話，連他的尊姓大名我都不十分清楚，但他卻是校內的名人。他隻身在臺，每到發放薪津的那個週末，他都慣例一般地，到宜蘭附近鄉鎮的茶室或酒家，消磨兩天，幽會小相好，繾綣温柔鄉，享受他老人家一月一度的家室温暖；是公開的秘密，也是人情之常，大家見怪不怪。我就曾有好幾次，從二樓宿舍的窗口，遠遠地看到他，坐在三輪車上，搖着中式摺扇，意態洋洋地走出學校的大門。

謠言是可怖的，我雖問心無愧，但也不能置之不理，釜底抽薪，去見校長；校長聽我談到有人說我反對文化復興運動，沒有等我說完，就下總結說，我也聽到過你說的這些謠言，我怎麼會盲從相信呢？不要理會這些無稽之談，放心教你的書吧！

現在是二〇一五年的暑假，寫到這裡，回想五十年前的這件怪事，始終猜不透，散佈謠言想置我於絕境的這位老先生，所為何來？

是非之地，避之則吉，在宜農教完兩個學期，我就掛冠告辭回臺北了。

有一段尾聲，不得不在此贅述一下：我離開宜蘭兩年後的一九六八年三月二十九日，“省立宜農高級部第二十屆綜合農業科畢業生”主編印行的〈樂群通訊〉上，發佈新聞，標題是：“吾師曹公、化雨ＸＸ”，文曰：「幽默風趣的國文老師，曹介甫先生，教了我們高三一年國文，使我們受益匪淺，他非但教我們書本上的死知識，更教我們如何用大腦如何思考，常說一些幽默的話，讓我們“會心的微笑”。曹老師現在執教於臺北，且看老郭所記：本月十五日，我們到ＸＸＸＸＸＸ找曹介甫老師，他的帥勁不減當年，宿舍裡還是有一大堆的書，現在他當起導師來了，不能再像以前悠哉遊哉。曹老師似乎又再“紅鸞星動”，不過是否“真假桃花”，阿拉就“莫宰羊”。」

高農畢業的及門弟子，如此品評老師，余何言哉！余何言哉！

十八、政治邊緣

一九六五年的夏天，我尚未回宜蘭前，梁和鈞先生應政府邀約，回臺一行，住在臺北市自由之家，陳老師因為我曾為梁先生的〈開羅會議與中國〉寫過書評，老友把晤，帶我同去會面。梁先生很高興知道我是陳老師的學生，寫書評時才讀大三，略感驚異，但晤談則和藹親切，且語多勉勵。

這時，梁先生正為計劃中的抗戰前史，廣搜資料，託我相機協助。梁先生回紐約後，我發現梁著〈九一八事變史述〉裡，似乎仍有若干尚可商榷之處，就靜下心來，花了幾個月的時間，詳加校勘，列表按頁次摘錄可能有疑問的部分，附註參考意見，一共有好幾張紙，寄給梁先生；他在第四版重印出書時，曾用以訂正[1]。

為梁先生搜集的史料，除了史家的單元著作，我找到中華民國外交問題研究會編印的《中日外交史料叢編》一套九冊；國防部史政局編印的《中日戰爭史略》一套四冊以及《抗日戰役》、《中華民國戰史圖輯》等。其中最具戲劇性的，是政治大學教授王健民先生著作兼發行的三巨冊《中國共產黨史稿》，我知道這套書時，上市還沒有多久，不知什麼原故，市面上已經看不到了，我鍥而不捨，輾轉託人，查詢代購，終於到手。

---

1 見梁敬錞著，九一八事變史述，四版，頁十三，自序。

一九六六年暑假以後，我在臺北林口的醒吾初級中學教書，醒吾是私立學校，規模不大，校內各單位的負責人，好像都是親戚，和附近的醒吾商專，是同一個地產商投資經營的，林口在臺北市西南方的高地上，自然環境甚佳。

一九六八年初秋，梁先生再度返臺，夫人同行，住在國賓飯店，陳老師於八月四日下午，在寧波東街菲律賓駐華大使館前館署，為梁先生安排了一次公開演講；當天上午，梁先生電約我在國賓午餐，席間表示有意邀我做他的研究助理，工作半年後，可推介至總統府或外交部工作；恰巧我正厭倦粉筆黑板生涯，便開始零星地為梁先生處理事務，九、十月間，政府安排梁氏伉儷在仁愛路三段外交部的招待所居住，開始閱卷，我忝為助理，為了工作方便，也住進招待所；有活動時，我就以秘書的名義對外。回想起來，都是五十多年前的往事了。

我們所閱的卷宗，以先總統蔣公抗日戰爭期間的史料為主，兼及外交部、財政部等機關的檔卷；因為自抗戰爆發前後開始，三、四十年來，國內外對蔣公連年都有一些誤解與妄評，蔣公以領袖之尊，不便也不屑置一詞；雖然在國際上，誠如美國史學教授顧貝克氏（Anthony Kubek）所言，蔣公對國際間的誤解，未作任何辯駁，而其在歷史上的崇高地位，已然確定[2]；但是在國人的心目中，是非仍然欠明，史實被胡編濫造，黑白顛倒，豈只有欠公允，簡直妄顧常情常理；這也就是我於一九八三年八月，在中央日報刊出的拙作〈史學門外〉[3]，建議開放蔣公史料，並引進英國 Thames 公司利用敵友戰時實況影片，

---

[2] 見著者《夜之歌》，頁三一三，史學門外。

[3] 同註二。

與戰後訪談雙方戰時關鍵性人物所作錄影，混合編輯而成《第二次大戰秘史》（The World at War）的根由。個人立身處世，都要以誠信為本；全民族奮死圖存，千百萬同胞捐軀衛國，未死者欺世盜名，居心何在？更何以面對列祖列宗與後世的子子孫孫！？

建議引進二戰歷史劇的同時，我更建議將蔣公在廬山宣佈抗戰到底、蔣公伉儷應邀出席的中美英開羅高峯會議、我遠征軍在印緬戰場與英美盟軍並肩作戰、以及在南京接受日本投降等影訊，在適當階段，插入播映，使之成為二次大戰的完整歷史紀錄；實況影片，勝於雄辯，不管你謊話說多少遍，人民的眼睛是雪亮的，能永遠蒙騙所有的人嗎！？

政府請梁先生回國，因梁先生是近代史大家，文名早著，政府以蔣公抗日戰爭期間的檔案卷宗，供梁氏研究，朝野各界大都理解，是希望梁先生以在野之身，對二戰期間及戰前戰後的中美、國共以及國際間的交錯關係，秉春秋之筆，作正本清源的梳理，以歷史檔卷，彰明蔣公之無私奉獻，間接駁斥國內國際有意無意的讕言，還歷史以公道。

當然，基本針對的目標，是美國於一九六二年公佈的對華關係白皮書（一九四三年中美外交關係文件）；而促成這樁具有歷史與時代意義的大事的人，是當時任總統府秘書長的張岳軍（群）先生。張先生與蔣公，不僅公務關係密切，據傳還是多年的盟兄盟弟；張先生與梁先生，從大陸時代，即是好友，因此，由張先生促成此事，更屬順理成章。出面經辦此事的人，是當時的外交部長魏伯聰（道明）先生，而張、魏、梁三位先生，都是多年老友。

蔣公的戰時史料，裱糊裝訂得異常工整，每本長約三呎，寬約呎半，厚約二吋，深米色厚紙封面正中的白色箋條上，毛筆正楷寫明某某案或某某卷第X冊，珍藏在桃園大溪，一座對外不公開的倉庫之內，由總統府管理。

我們閱卷的程序，是先由外交部派專人，將檔案卷宗一批又一批地，次第從大溪運送到仁愛路，我負責初閱，一頁一頁檢視，認為有用的，就夾一張窄長的紙條，上面寫着"某卷第X頁"；我每看過一冊，就拿給梁先生複閱，他把不合用的紙條抽掉，或補進新的紙條，我再就保留的全部紙條，列為印件清冊，連檔卷送到外交部影印，印妥的文件，隨下一次送檔卷時，送到仁愛路；我再將複印的文件，裝訂成冊，閱卷的工作，才算告一段落。

複印成冊的檔卷，裝滿了兩座文件櫃，一共有多少頁，我沒有统計過，據外交部的人說，連日不停加班趕印文件，曾經燒壞了兩臺複印機。

在整個的閱卷過程中，有一個關鍵性的人物，當時外交部北美司科長兼任老蔣總統英文秘書的錢君復（復）博士，府（總統府）部（外交部）之間體制外的橋樑，儼然明日之星；檔卷與複印文件的往返，都是由他接洽安排的。

除了梁和鈞先生，政府同時也邀約了大使回部辦事的王之珍大使和國民黨中央黨部第四組（文化工作會）主任陳裕清先生，共同從事此一研究，每月一次或兩次，在仁愛路聚會研商。記得王大使曾寫過一篇節略式或政情報告式的長文，概論這一階段的中美及國共關係，供梁先生參考；陳主任也許因為工作繁忙，只參加會談，二人皆未認真接觸檔卷。檔卷看到相當程度，梁先生就開始起草，而梁先生下筆又異常嚴謹，塗過來改過去，有時大段大段前後調換位置，剪剪貼貼，草稿零亂不堪，我清稿時，常無法辨認，不得不停筆探詢清楚，再繼續清稿。梁先生幾乎整天不停地寫，我清稿必須一筆筆字體端正，想快快不起來，常常晚餐過後，繼續清稿，工作至午夜才能清完當天的稿件；因此，梁先生說寫「史廸威事件」時，「約其共同研討，爬梳鱗次，輒至夜分」[4]，都是紀實。

在這一段緊鑼密鼓的工作期間，有一個常在週末來幫忙的朋友吳平兄，他在臺北一女中教歷史，福州人，是梁先生及陳老師的同鄉，我們早已相識多年。有一次，一同整理送還外交部的檔卷，查來查去，就是少一本，梁先生見我們忙得不亦樂乎，知道是檔卷少了一冊，就說將清冊與檔卷，照常全部送回外交部，不提少一冊的事。因為不是當場清點，事情就這樣混過去了；下一次再去還檔卷時，經手的一位先生說，前次你們送還的檔卷，起初點數時，發現少了一冊；後來，一冊冊翻開檢查，才發現有一冊夾在另一冊當中，總算找到了；我們不禁想到薑是老的辣。

《史迪威事件》全稿完成以後，要先做成中文打字稿，考慮到每章後面的註釋，如果寫明是總统府ＸＸＸ檔太過敏感，一次午餐後閒談時，梁先生提起註釋的事，不知如何處理才比較妥當，這時，吳平兄也在，大家一時難得結論；我忽然想到，陳誠先生的史料，收藏在臺北石牌，對外稱為「石叟資料室」，我就提議說總統府檔卷保存在桃園大溪，稱為「大溪資料」如何，梁先生連聲說好，因而全書的註，引用總統府檔卷的，就統稱「大溪資料」。

後來，委託傳記文學雜誌發行人劉紹唐（宗向）先生，登

---

[4] 見著者:《夜之歌》，頁二，梁序。

報招考了一名女打字員，到仁愛路招待所打字。打字稿經總統府有關人士閱後，由百年老店臺灣商務印書館出版發行。

一九六九年初春，「史迪威事件」全稿完竣，交給商務印書館以後，梁先生暫回紐約休息，不多久，近三月底時，王大使到仁愛路招待所來看我，對我說，梁先生回紐約去了，你整天沒有事做也不好，我介紹你到外交部去工作，以免閒得無聊；王大使就把我介紹給外交部人事處處長趙金鏞博士，我於四月一日起，開始在外交部上班，趙處長分派給我的職責，是在人事處主管人事獎懲方面的業務。

我把王大使介紹我去外交部上班的事，寫信向梁先生報告，梁先生在六月十一日的回信中提醒我：「外交固最重慎密也」；梁先生回到臺北後，我就離開外交部，重回仁愛路工作；這時，中央研究院近代史研究所的所長一職，懸缺已久，找不到適當的學人接替，他們想到了和鈞先生，中研院院長錢思亮博士，帶同中研院高總幹事，三番五次，到仁愛路當面聘請，最後，梁先生卻不過錢院長的懇邀，同意接任近代史所所長，就職以後，按排我負責管理近史所的圖書館。上班不久，我靜極思動，跟梁先生說，想去美國讀幾年書；梁先生曾任紐約聖若望大學的研究教授，就致函聖大副校長兼亞洲研究中心主任的薛光前博士，幾次書信往返，辦妥申請入學許可，梁先生問我，可需要獎學金？我說給我一個最低金額的就可以了；原因是得到外國大學的獎學金，可以免除留學考試，而我最怕考試，自覺考試低能，結果我就拿了金額最低免一年學費的所謂獎學金，於一九七二年九月初，搭乘中華航空的班機，越洋鍍金了。

十九、「老」留學生

我搭乘華航班機飛抵洛杉磯：已是下午黃昏時分：經機場旅客服務枱一位女士的安排：到機場附近的希爾頓旅館投宿：坐計程車到達旅館：按照計程表上的數字，付了車費：提著行李正要離開：司機走過來：攔阻了我的去路：一邊說：你忘記了什麼事：我猛然想起：還沒有給小費：就加給了一點錢：司機才放行；這是我親身體驗到的第一個“洋”經驗。

進入旅館的房間，安頓好行李，想起許多年來，早就聽說，美國的自來水，非常衛生，可以生飲，既來之，何不試試，就走進浴室：拿漱口杯接了自來水，一口氣灌下肚去：並沒有感覺到有什麼特異之處；可是，後來在報上看到，環境衛生專家說，自來水廠的水，出廠以前，都合衛生標準，經過輸水管送到用戶的家裡，就不能保證一定安全了，因為輸水管埋在地下已幾十年或上百年，很少換新，有腐蝕有沉澱，必然影響水質：一定要煮沸，才可飲用。

第二天上午，打電話給薛光前博士：報告我已抵達紐約，他要我在旅館等候，會派人來接我，果然不多久，何平南兄就來接我了；我初到紐約，人生地不熟，在平南兄家寄住過一陣子。

那時，聖若望大學的孫中山紀念堂，正在大興土木，我領有獎學金，名為監工，順理成章地：也曾在工地搬磚運瓦：幫過一點小忙。

一九七三年九月，中山堂大廈竣工，我寫了一篇〈聖若望大學中山堂落成獻詞〉，刊在同年十月十日紐約出版的〈文薈季刊〉第二十一期。一九七九年十月：堂前增建一座大理石牌樓：我就原獻詞：據實增補：文題改為〈聖若望大學中山堂記〉[1]：才算定稿。〈中山堂記〉：後來於一九八四年六月：在臺北出版的「近代中國」月刊第四十一期發表：這一篇歷時十年的小文，終於塵埃落定。

我在聖大：起初讀的是「中國研究」，也許是申請時：不明實況：加上手忙腳亂，竟迷迷糊糊地讀起「中國研究」來；不久我就想到：如要研究中國的歷史文化，在臺灣就可以：何必留學；透過讀洋書來研究中國：豈不是浪費時間繞一個毫無必要的大圈子，想明白了，就申請改讀「亞洲研究」。

來美以前：我在閱讀外交部抗日戰爭前後的檔卷時：就發現中國近代史上：有兩個國際性的小問題，值得深入研究：一個是一九四〇年：英國在日本的脅迫之下：封鎖滇緬公路三個月；日本的夢想是切斷中國的國際補給線，妄圖不戰而屈我之兵，如僥倖得逞：中國的前途將不堪設想：同盟各國也將面臨更為嚴竣的困境。一個是一九四六年：蘇聯在中國新疆省的邊境：陰謀策動的北塔山事件，比較起來，後者的影響：遠不及前者的嚴重而深遠：而前者直接牽涉到三個國家與若干盟國，可以探討發掘的內涵更深更廣：所以，我就以滇緬公路被封鎖的三個月，以及其前後敵我雙方各國之間的縱橫捭闔：作為研究的主要領域；除了攻讀學位必選的課程，注意力都放在它

---

[1] 見作者《夜之歌》頁二六七。

上面。

作專題研究，尤其是研究歷史陳案：必須儘可能鑽研相關各國的原始檔案與文件：和涉及這個歷史事件的各方人士的著作和回憶錄等等。為了研究這一階段的中外及國際關係：我除了就近勤跑紐約市圖書總館，兩三次前往華府：在國會圖書館與國家檔案局：鑽研美國政府的卷宗，又曾專程飛回臺灣：研讀國民政府抗日戰爭期間的檔案。此外，我還遍查全美各大學博士碩士的畢業論文，凡是與我的研究主題或多或少相關相涉的，透過圖書館互助計劃，由聖大的圖書館，都幫我借來參考；我才發現全美國像一個大圖書館，知識的交流普及異常方便，各地所有圖書館的館藏，人人皆可利用，對民智的啟發與國力的增進，確實具有無從估量的宏偉貢獻。

我在聖大圖書館門口的桌子上，發現一個用厚紙板做成，尺寸與明信片相似斜長形敞口的空盒子，上面印着：FREE TAKE ONE 幾個大字，和我讀書時摘錄要點用的卡片，大小差不多，似乎可加利用；因為看到盒子上印的英文說：免費，(可以)拿一個；我就順手把它拿回去了。過幾天再到圖書館，非常意外地發現，原處放着一個完全相同的長盒子，裡面排滿了明信片大小，印滿各種雜誌與書刊的優待價目表，任人取用，我才知道，前幾天順手拿回去的空盒子，不是任人拿的；既已拿了，不便送還，也就好好地利而用之，是我的第二個“洋”經驗，事隔多年，偶而在腦海中浮現，常不禁啞然自笑。

攻讀學位，照規定必須寫論文，綜述研究心得；但是也可以多選幾個學分，替代論文，省事不少。我想，既來進修，就該按照正規的程序，切切實實地走完；因此，我決定撰寫論文。我的論文題目是：Closing Of The Burma Road；恰巧過去在台北認識的聖大教授 Dr. Leonard B. Allen，這時也在纽約，當年，他還年輕，在滇緬公路重新開放以後，曾經駕駛第一梯隊的十輪大卡車，從緬甸東北部的臘戌，翻山越嶺，一直開到雲南的昆明，這個頗具傳奇色彩的經歷：成了我請他指導論文的絕佳理由：薛光前博士也極表贊同。

我初來讀書時，認識了與我的英文名字 Philip 同名的 Mchugu 君，讀中國研究，對中國文化極有興趣，正在學習中文，他是高中畢業以後，工作多年，從保險業退休才讀大學的，曾主修英國文學，年紀比我這個「老」留學生還大好幾歲，相處甚得，他想學中文，我就教他中文，還給他取了一個音近意佳的中文名字：麥格修；我有英文上的疑難，就向他求教；教他中文，還有一段趣事，值得一提。

他參加美國學生訪臺團，在臺北接待他們的宴席上，敬酒時，他舉起酒杯，大聲說：「乾杯！」，乾杯這兩個字，出自初來乍到的美國學生之口，主人莫不大感訝異，這比過去在臺灣學中文的美國學生，敬酒時說的「同歸於盡」，更令人驚奇不已。他回美以後，非常得意地，把這一段插曲告訴我；我想，他用心學習中文，所投入的時間與精力，連本帶利，都賺回來了。

另一個有異曲同工之妙的臺灣場景是這樣的，有人向美國朋友介紹一位臺灣小姐，老美循例稱讚小姐漂亮，小姐習慣性地答稱：那裡！那裡!居中翻譯的人，字字照譯：Where？Where？老美一愣，連忙回答：Everywhere，Everywhere。

畏友萬德群將軍，這時亦在聖大深造，家事國事天下事，閒聊時無所不談：而當年在紐約的華人，偏左偏右的都有，而且楚河漢界，壁壘分明，在紐約出版的中文報紙，有五六家，一家家旗幟鮮明，其中以來自香港的星島日報，態度似乎比較開放，各方的言論都登。有一次與萬兄談到身在海外，可以放言高論，有些人似乎不能平心靜氣地討論祖國的人與事，我表示了一些淺見，萬兄認為值得見諸報端，供讀者參考；在他的激勵之下，我草成短文一篇："海外的中國人"[2]，於一九七五年七月四日紐約星島日報的海外論壇版刊出，是我在紐約報紙上首次披露的文字。

德群兄進修期間，常幫紐約創刊最早的中文報紙美洲日報撰寫社論，一九七六年六月，萬兄學成回臺，推薦我接替，同月二十一日，我發表了生平第一篇社論：〈毛澤東的病與死〉[3]，追隨萬兄的後塵，利用課餘時間，在報紙上古今中外，大放厥詞；留學生涯，因而頗不寂寞。

---

[2] 見作者《夜之歌》頁二七五。

[3] 見作者《夜之歌》頁三三二。

二十、海外報人

我在紐約的留學生活，因為抽空幫美洲日報，每星期寫三篇社論，是挑戰也是考驗；每天必看紐約時報、每日新聞報、時代雜誌、紐約郵報、與美國新聞及世界報導等英文報章，觀摩參考；幾家中文報，每天更是非看不可，我的感觸好像參加作文比賽，不禁追憶起初到臺灣時，閱讀中央日報社論的印象：說理透徹圓融，掌握文字的密度與張力，不辯而辯；也體會到桑簡流先生的名著〈香妃〉，書末長達二十九頁的“後記”，頗堪玩味。

與此同時，在朋友的引介之下，也幫紐約的華美日報寫社論，華美這時是商人辦報，不必太嚴肅，所以我就用比較輕鬆的筆調，寫些可讀性更為廣泛的文字，，以便適合一般的讀者；例如，我曾經以英國瑪格麗特公主的婚戀新聞，作為社論的題材[1]。

當年紐約的幾家中文報紙，有左有右，取材與下筆，也會流露立場。星島日報的主編，立場顯然偏左，在處理新聞時，常有意無意地，曲解新聞的內容，在標題上暗施手腳，特別是與中共有關的新聞，他常幫中共緩頰或代為解釋，儼然以代言人自居，大家都知道他左傾，日子久了，也見怪不怪。

---

1 見作者《夜之歌》頁四〇八。

一九七六年八月九日，合眾社發自香港的一個電訊，引述新華社的的消息說，中共已於八月一日起，在新疆地區推行羅馬拼音化的中文，又說這是一個要經過好幾代才能完成的計劃，要經過三個階段，第一與第二階段，到現在仍然未能完成。而星島竟然將這條不太為華文報紙重視的消息，作為第一版的頭條新聞，用了四行大字標題，主要的兩行說："中文羅馬拼音化，中共稱實驗成功"。

當時美洲日報，已改版成通常報紙一半大小的版面，只有路透社一個電訊，我看到同一天的紐約時報上，也刊出這一消息，但只刊出原電的一小段，已可看出與星島的頭條，大有出入，深感懷疑，就到四十二街的新聞大樓，找中央社的丁侃先生，請他幫我向合眾社要了一份新聞原電，終於證實了我的疑慮。

大是大非，不可不辨，我就將這條合衆社的電訊，逐字逐句譯為中文，用了美洲日報一整頁的版面，將合眾社原電全文、中譯、紐約時報刊出的部份電文以及星島日報報頭連同杜撰的頭條新聞，合成一整頁，刊在社論版的對頁，頂上加了一行大字："「星島日報」杜撰合眾社電訊的鐵證!"又寫了一篇社論："「星島日報」的新聞道德在哪裡?"[2]平時七八百字一篇的社論，我寫了一千五六百字，太長了，排字房的領班沈漢川兄，把它排成從頂到底的通欄，頗為醒目。那一天是一九七六年的八月十七日星期二。

我不是學新聞的，也未以此為業，想不到少年氣盛，客串社論的撰稿人，出人也出自己意外地，做了世界新聞史上少見

[2] 見作者《夜之歌》頁三五五。

的，一家報祇揭發另一家報紙的奇事；當時美洲日報社長是龔偉岩(洪)先生，總編輯是戴潮聲先生，他們二位，都是新聞界的前輩，竟敢放手讓一個賺零星稿費的後生，恣意一搏，稱得上胸寬量大了。

隔了沒有多久，傳出星島日報在香港的總社，收回美東版發行權，不再委託代辦，並進行改版。一天，華美日報的老闆朱太太對我說，星島日報的董事長胡仙女士，託她介紹一個人去負責美東新版的編務，我推薦了你。

我就去東百老滙大道星島日報的新社址，見到由總社派來綜理印刷發行等業務的經理梅建南先生，梅先生曾以香港僑生的身份，畢業於臺灣政治大學的新聞系，對臺灣相當熟稔，接談之下，當即約定新版開始發行的日期。發行當天，聯合日報名記者朱華先生蒞臨致賀，梅先先向他介紹我時說："這是我們的總編輯。"我聽了也就聽了，因為我早已知道，我的薪津與任記者的寥伯俊兄完全一樣，職稱好聽，並無實惠。

星島除了有路透社的電訊，還有合眾社的電訊，合眾社更有電傳的新聞圖片，但實際用得上的並不多，我就每天選十一、二張較有新聞價值的圖片，加一方「新聞集錦」，依次譯出各圖說明，湊成半頁，以吸引讀者；為了增強報紙的可讀性，我又開創了「星島副刊」，廣徵各方人士的投稿；為了擴大稿源，我更寫信向臺灣的文友邀稿，也曾請紐約的文友便餐，同時邀稿，被梅先生知道了，告訴我可以向社裡報公賬，我想我跟朋友們，時有餐敘，且所費不多，未曾接受他的好意。

也許是「報」緣已了，一天，梅先生找我到他的辦公室，坐定以後，目光不正視我，郤斜斜地看向地面，言不由衷似地說：「我們這裡沒有總編輯。」又說要調我去擔任採訪地方(紐約唐人街為主)新聞的記者。

我不懂廣東話，根本無法在粵語流行的唐人街從事採訪工作，這顯然是逼我走路；我就放下手中的筆，瀟灑離去，結束了在星島日報三年半的海外報人生涯。

廿一、誨人二十年

離開星島日報時，論文也將完卷，研究所學業轉眼告成。一天，在聖大與何平南兄閒聊，他問我有沒有興趣去教書，並稱某公立高中正缺中文師資，急於覓人任教，我就前往一試，學校知道我讀研究所是主修歷史，程序上只能進入歷史系（社會研究系)，便採取了變通辦法，將我列名歷史系，在本系授課之外，同時在外語系兼教中文；我起初是以教歷史為主，兼教中文；後來，因為中國學生連年如潮水般湧入，不斷需要更多中文老師，而師資難求，因而，我兼任的中文課，就不斷增加，而本職的歷史課，相應地不斷減少，到了最後，幾乎全教中文，這樣一教就教了整整二十年，直到退休。

美國的中學，有一項規定，即每一堂課都必須於上課前備妥教案，校長或系主任，隨時可能進入教室旁聽，了解授課實況，抽查教案；而且每一學年校長與系主任，都分別經事前約定正式查堂一次，隨堂聽課, 並審核教案。校長於學年結束時，綜合評判每個教師的工作績效，如果評語是“S”，教學可以繼續，如果評語是“N”，下個學期就得走人。

美國中學，行政與教學的聯繫與互動，初看似嫌繁瑣，實際上可以維繫教學效率在一定的水平之上，是可以肯定的。